图书在版编目（CIP）数据

亲历纽交所 / 王晶著. -- 北京 : 中信出版社，2019.5
ISBN 978-7-5217-0313-9

Ⅰ.①亲… Ⅱ.①王… Ⅲ.①金融—经济史—美国—近代 Ⅳ.①F837.129

中国版本图书馆CIP数据核字(2019)第058070号

亲历纽交所

著　　者：王晶
出版发行：中信出版集团股份有限公司
　　　　　（北京市朝阳区惠新东街甲4号富盛大厦2座　邮编　100029）
承 印 者：北京诚信伟业印刷有限公司

开　　本：880mm×1230mm　1/32　印　　张：9.75　字　　数：220千字
版　　次：2019年5月第1版　　　　印　　次：2019年5月第1次印刷
广告经营许可证：京朝工商广字第8087号
书　　号：ISBN 978-7-5217-0313-9
定　　价：49.00元

版权所有·侵权必究
如有印刷、装订问题，本公司负责调换。
服务热线：400-600-8099
投稿邮箱：author@citicpub.com

谨以此书，献给我的父亲王志敏和母亲龚炜。在我的成长道路上，是你们给予我无限的鼓励和无条件的支持，谢谢你们！

序言

乐观主义者的凯旋丰碑

欣闻王晶女士即将出版《亲历纽交所》一书，很荣幸受邀作序。这本书对金融市场的华人专业人士、机构投资者、高净值人士和金融学术研究者来说意义非凡。

纽约证券交易所（英文为 New York Stock Exchange，中文简称为纽交所）拥有悠久的历史，它的创始者可以追溯到来自荷兰的新大陆移民。阿姆斯特丹股票交易所创立于 1602 年，当时的荷兰国力强盛，商业中心阿姆斯特丹也成为世界金融中心。17 世纪初，第一批来自荷兰的移民跨越大西洋，从印第安人酋长那里买下曼哈顿岛，命名为新阿姆斯特丹，并开始安家落户。荷兰当时是一个崇尚自由贸易、人文进步的国度，当时以新阿姆斯特丹为中心的美国中大西洋沿海地区因此产生了强大的商业文明理念和宽容的社会治理结构，也促成了以曼哈顿岛为中心的一个新贸易中心——纽约的诞生。在当时的新阿姆斯特丹路边的梧桐树下，荷兰商人把他们在欧

亲历纽交所

洲大陆的金融交易活动也照搬到了新大陆。直到今天，上市企业首次公开发行股票（Initial Public Offering，简称IPO）的时候，还可以选择荷兰式拍卖（Dutch Auction）。1792年5月17日，当时美国独立建国不到20年，一直在纽约下城梧桐树下的路边交易各种证券的24位经纪人，决定联合签署《梧桐树协议》（Buttonwood Agreement），明确交易佣金标准，互相给对方提供优先交易的便利。可以说纽交所是在这一天正式成立的！

从那以后的两百多年来，纽交所经历了风风雨雨，以及各种各样的危机和考验，包括第一次世界大战爆发而导致交易所停业近半年；1920年交易所被无政府主义者用炸弹袭击；1929年美国的股灾和随后而来的大萧条，以及1987年的股灾。当然，发生在2001年的"9·11"事件对纽交所产生的影响也是巨大的。纽约世贸中心和纽交所相距不过数百米，世贸中心被袭击后，纽交所关闭了4天。

但是，就像沃伦·巴菲特（Warren Buffett）曾经说过的："我是一个乐观主义者，非常现实的乐观主义者。自从美国建国以来，人们的生活水平不断提升，人类一定会继续改进。"纽交所这两百多年的历史，恰似一个乐观主义者的凯旋丰碑。不管是交易所的员工、管理层，数千家纽交所上市公司的员工，还是金融机构的交易员，金融媒体的专业主播和制作人员，可以说，他们都在这个巨大的生态圈中，兢兢业业、满怀热情地工作，从而造就了一个全球金融市场独一无二的交易平台。纽交所的伟大，来自这些人物的伟大！

王晶女士作为美国中文电视的前记者，从一个独特的视角，通过过去七年多时间在纽交所的工作，采访了数百位有幸参与纽交所的运营、上市、监管等方面的专业人士，积累了大量第一手的素材。从这些宝贵的材料中，她精选了15位各有特色的嘉宾，分享这些人的独特经历，值得一读。比如说，她采访了亚瑟·卡欣（Arthur Cashin），一个从18岁就开始在华尔街工作，至今已经在纽交所工作了快60年的交易所元老。从笔者在华尔街工作开始，每天金融市场的收盘评论就来自这位亚瑟老先生。对于很多华尔街人士而言，股票市场经过每一个交易日的起伏，如果没有亚瑟来做收盘评论，这一天就显得不完整，似乎缺了些什么。

书中也采访了经历了"9·11"事件且一直坚持在纽交所进行场内交易的肯尼·波尔卡里（Kenny Polcari）先生。他在这里已经工作了37年，一直用他独具特色的嗓音和肢体语言，促使股票交易达成。除了金融市场，书中也描绘了在纽交所工作极为成功的摄影师、冒险家、美食家、企业家、运动员等。当然，作为华人，王晶女士也特别采访了安德鲁·洪（Andrew Hong）先生。他来自香港，学历不高，刚到纽约的时候在餐馆当服务生。年过四十的时候，他念完纽约理工大学的本科和硕士，之后进入纽交所工作。在他的身上，华人努力拼搏的精神得到充分展现！

证券交易所在西方有着非常悠久的历史，很多上市公司都已经经营了一二百年，为股东们创造了巨大的财富。再把目光转向中国，经过40年的改革开放，中国已经诞生了大量成功的企业，为社会积累了巨大的财富。很多中国企业都在过去十几年间选择去纽交所上市，这也为纽交所带来了新鲜血液，让纽交所成为中美经济合作的典范。笔者每次去纽交所的时候，都会在一楼大厅驻足观看

亲历纽交所

墙上的一些历史照片。在众多黑白的历史照片旁边,有一张巨大的彩色照片非常显眼:阿里巴巴集团在纽交所上市的当天,创始人马云在交易大厅兴奋地看着公司股票交易的瞬间。希望将来有更多的中国企业家能够在纽交所敲钟,庆祝公司成为"百年老店"的新成员。

  当然,纽交所也面临诸多挑战。电子化交易后,越来越多的交易转移到服务器上。随着全球化的发展,纽交所也并购了阿姆斯特丹证券交易所、布鲁塞尔证券交易所、巴黎证券交易所,组建了交易所集团,业务不局限于纽约一个城市。值得一提的是,由于衍生品的交易量大大超过传统股票市场的交易,纽交所在 2012 年年底被总部位于亚特兰大、主营业务为金融衍生品的洲际交易所兼并。笔者坚信,尽管面临各种挑战,纽交所和纽交所的主人公们将会不断谱写新的乐章,而本书的读者每次打开这本书时,都会学到新的知识,并得到新的激励!

陈凯丰博士
纽约金融论坛(NYFF)联席发起人
汇盛金融首席经济学家

前言

也许，当初在华尔街68号街边梧桐树下签订《梧桐树协议》的24位经纪人不曾想到，纽交所在随后的200多年中，一直肩负着全球金融掌舵者的核心角色。或许，他们更想不到，在200多年后的今天，许多来自大洋彼岸的中国创业者、企业家将这里视为事业发展的里程碑。许多在中国响当当的企业家当站在位于纽交所交易大厅上方的敲钟台上，挥舞着木槌敲响开市钟时，都会激动不已。然而，神秘的纽交所交易大厅，并非像外界猜测的那样尔虞我诈、冷酷无情。相反，它是一个温暖的大家庭，竞争与友情并不冲突，金钱与慈善也能和平共处。在这里，每天上演着不同的故事，每个人又拥有非比寻常的经历。他们的故事伴随着金融市场的发展，充满了悲欢离合，值得大家品读。

在纽约担任财经记者的7年中，我做过许多次专访，对象不乏金融大鳄、经济学家、国家政要，乃至文娱明星，但例行公事般的采访总是随着一天工作的结束戛然而止，就好比考生完成答卷一样。而这次，经过为书写纽交所的故事而耗时长达3年的采访，我才算真正意义上迈进了华尔街，走入了在纽交所工作的人们的世界。我从他们身上学到的，不仅是财经知识、金融历史，更多的是

亲历纽交所

闪光灯背后那些人性的闪光点，我将这些统称为"纽交所文化"。

本书以一个中国财经记者的视角，通过纪实描述每一个独特又有趣的人物故事，将华尔街的顶级投资策略、创业指南、IPO 等金融市场游戏秘籍逐一揭开，同时也令纽交所的百年传统及逸事得以生动展现。纽交所是一本厚重的书，我能做的，仅仅是拎出其中一小部分，为大家细细品读。金融世界或许并不如武侠小说里的江湖那样生动有趣，但每一位在其中奋斗的人何尝不是历经百战的侠客？每个人的经历，都是特定金融环境下的产物，更与纽交所的历史相互印证。和他们对话，不仅可以让我们快速了解华尔街的历史，更能让我们从中洞察有关人性的真谛。艰苦奋斗也好，浴火重生也罢，成为人生的终极赢家并不在于如何提高社会地位和积累财富，而在于如何与看似平静却暗潮汹涌的时代进行角力，继而重塑自我。

这也是一本能源源不断给人力量的书。在长达 3 年的采访过程中，我自己亦在不断经历职场乃至人生难题，神奇的是，我竟能通过书中人物的故事，自行找到解决问题的方法。他们仿佛成了我的秘密人生导师，将自己的毕生经验传授给我，帮我渡过了重重关卡。他们是被访者，也是我生活的贵人。

我想在这里，把我所感受到的独特文化搬到书中，分享给大家。

目录

引言 / 001

第一章 "9·11"事件幸存者、热爱烹饪的顶级交易员 / 005

肯尼·波尔卡里（Kenny Polcari），出生在马萨诸塞州波士顿的一个意大利移民家庭，从小在著名的度假胜地科德角长大。37年前，肯尼背井离乡，只身来到位于曼哈顿下城的金融区打拼，并进入了令其着迷的纽约证券交易所。"9·11"事件当天，正在世贸中心二号楼工作的肯尼要不是因为一次偶然，很有可能成为遇难者之一。"9·11"事件发生后，肯尼为何不顾家人反对，重返华尔街？又为何坚持每天撰写交易员笔记并免费发送给全球读者？这是一个"纽漂"的励志故事，也是一个华尔街人的拼搏故事。

第二章 备受马云尊崇的"纽交所传奇交易员" / 023

亚瑟·卡欣（Arthur Cashin），华尔街最具传奇色彩的交易员之一。2014年阿里巴巴上市当日，马云专程找到亚瑟要求合影留念。马云说："来到纽交所，怎么能不和亚瑟合照呢？"亚瑟18岁进入华尔街，至今拥有近60年的从业经历，在业界备受尊崇。亚瑟为何受人尊敬？又为何成为华尔街交口称赞的传奇交易员？在本章中，他通过一个简单有趣的小故事向我们讲述了

VII

"价格发现"的道理,还向我们揭示了发生在 1987 年股灾后不为人知的一面:"每个人都还记得 1987 年的股灾,而真正恐怖的一天是在'黑色星期一'发生后的第二天。"

第三章 被华尔街 "耽误" 的歌唱家 / 047

不惜从大学辍学来华尔街闯荡的本·威利斯(Ben Willis),工作初期因工资无法负担日常所需,在下班后去夜总会当过保镖、门卫及酒保。本也是一名天赋异禀的歌手,他曾在 NBA 赛场上演唱过美国国歌。作为交易员,本深受前纽交所主席格拉索的信任。2003 年,格拉索因天价薪酬丑闻被迫下台。作为这一事件的亲历者,本以一名纽交所场内交易员的角度,向我们讲述了一个他眼中的格拉索,揭开了那不为人知的一幕。

第四章 华尔街的 "爱因斯坦" / 071

交易员彼得·塔奇曼(Peter Tuchman)有一个头衔,叫"华尔街上被拍照次数最多的人",这源于他那极具特点的长相和神似爱因斯坦的发型,所以大家都喜欢称呼他为"爱因斯坦"。不过,作为各大财经媒体头条新闻配图的常客,彼得有自己的烦恼。2014 年,美国著名财经网站市场观察刊登了一篇名为《这是纽交所交易大厅运营的最后一张照片》的文章,称交易大厅如今只是媒体镁光灯下的马戏团,交易员们只是在"踢虚拟足球比赛"。面对外界质疑,深爱交易大厅的彼得如何回应?他又是怎样反击的?

第五章 心怀警察梦的纽交所明星 / 091

交易员斯蒂芬·吉尔福伊尔(Stephen Guilfoyle)拥有标准的好莱坞式笑容和如 NBA 篮球运动员的魁梧身材,他在纽交所交易大厅工作了 30 多年,明明可以靠脸吃饭,却偏偏要靠才华。不过,他真正的过人之处在于其面对困境从不气馁的精神。随着计算机逐渐取代人工,斯蒂芬在华尔街数次被

"炒鱿鱼",但和很多人不同的是,他总是在第二天就重返职场寻找工作。"我不能让沮丧打败我,因为我需要给孩子做榜样。"尽管拥有美国经济学家的头衔,但在被裁员的日子里,斯蒂芬当过家得宝的叉车司机,每天凌晨3点就开始工作。他从没让自己因为被解雇而陷入沮丧,或悲伤地待在家里。

第六章 从骁勇善战的海军陆战队成员到华尔街顶级交易员 / 105

军人出身的马克·奥托(Mark Otto)在1993年进入纽交所,从交易大厅的最底层一路晋升,最终成为指定做市商。担任交易员期间,马克凭借对数字的敏锐和从军经历赋予他的独特技能,在纽交所声名赫赫。他也是与中国最有"缘分"的纽交所交易员,曾任多家中概股指定做市商,一度是交易大厅里管理中概股最多的交易员。为何他总能在各种危机中保持不败战绩?曾经在战场出生入死的军旅生涯又对他的职场有何帮助呢?

第七章 攀登珠穆朗玛峰的冒险者、不婚主义者 / 123

交易员艾伦·瓦尔德斯(Alan Valdes)是一名名副其实的冒险主义者,他攀登过珠穆朗玛峰,挑战过"非洲屋脊"乞力马扎罗山和阿尔卑斯山脉的马特洪峰。就算现在年过半百,他也时不时在华尔街"消失",跑到大海"漂"上好一阵儿。由于他在华尔街资深的交易经历、出色的语言表达能力,他成为包括CNN、CNBC、福克斯、彭博社等多家美国主流媒体的特约采访对象。

第八章 你对华尔街精英的所有想象,都在他身上逐一呈现 / 143

交易员基思·布利斯(Keith Bliss)的从业经历囊括了商业贷款、财务软件和咨询、股票和期权执行、私人直接投资、投资银行等诸多金融领域。和许多纽交所交易员不同的是,基思的职业发展并不是从交易大厅开始的。他大学毕业后曾就职于花旗银行等金融机构,积累了大量销售技巧,从而令

IX

他在华尔街游刃有余。他认为,交易最难的部分在于克服情绪,做到理性投资。此外,基思也在采访中向我们讲述了 2014 年阿里巴巴赴纽交所上市的细节,如首笔交易为何等了那么长时间。

第九章 真正的华尔街英雄 / 161

奥利弗·霍华德(Oliver Howard),纽交所保安。"9·11"事件发生当日,他凭借直觉及职业的敏感性拯救了上百人的生命。当时,奥利弗被分配到纽交所位于世贸中心二号楼的办公区,负责第 28 层至 30 层的安保工作,当第一架飞机撞上世贸中心一号楼时,二号楼响起警报,通知楼内人员回到办公室。但奥利弗并未听从指挥,军人出身的他决定遣散 3 层楼的所有纽交所员工。其间,为了确保每位纽交所员工都离开了大楼,他上下楼排查了两边。最终,因为他的尽职,纽交所上百名员工全部得以逃生。

第十章 华尔街上的中国人 / 177

安德鲁·洪(Andrew Hong),前纽交所技术部门员工。1977 年从香港来到美国,没有任何高等教育背景的他凭借华人特有的勤劳上进,先后在高盛、美国证券交易所、纽交所、富国银行等华尔街大型金融机构任职。而在进入华尔街之前,他既当过餐厅服务员,也做过珠宝代工生意。他的经历,是在美华人努力拼搏的缩影,也是一个时代的记忆。

第十一章 始终战斗在华尔街的前线、首位进入交易大厅的华人主播 / 195

庞哲,凤凰卫视驻纽约站首席记者、华尔街多媒体公司创始人、首位在纽交所交易大厅报道新闻的华人主播,也是首位现场报道"9·11"事件的中国记者。当天,庞哲不顾生命危险,坚守在华尔街,为全球华人观众第一时间报道了"9·11"事件,也因此被北京晨报评为"2001 年最杰出十大记者"之一。高中毕业后便到美国读大学的庞哲,与大多数新一代留学生不同的是,她的留学经历充满奋斗和艰辛,颇具传奇色彩。而具有近20年财经媒体从业经历的她,更是行业楷模,其工作成果和态度备受同行尊敬。

第十二章　历经生死的普利策奖获得者、 美联社摄影师 / 213

理查德·德鲁(Richard Drew)在1966年因拍摄一起车祸事件偶然进入了摄影记者行业,现任美联社摄影记者。1968年,美国第35任总统约翰·肯尼迪的弟弟、前美国司法部长罗伯特·肯尼迪在加州洛杉矶大使酒店被刺身亡,他在现场不顾生命危险抢拍下了历史性画面。1993年,他凭借一张拍摄总统竞选者罗斯·佩罗的照片斩获新闻界最高奖项——普利策奖。2001年9月11日美国遭遇恐怖袭击,他不顾面前即将倾塌的大楼,抓拍了举世闻名的经典之作《坠落的人》(The Falling Man)。

第十三章　一个德国名记的 "美国梦" / 233

马库斯·科赫(Markus Koch),德国资深财经记者,驻纽交所逾20年。只有高中学历的他,在1991年身揣向朋友借来的5 000美元,独自离开德国到纽约闯荡。如今,他不仅是德国家喻户晓的财经记者兼主持人,时常受邀回德国进行演讲,还多次获奖。现在的财经媒体究竟应该怎样制作新闻,才能满足大众所需?媒体人为何必须拥抱"改变"?马库斯的故事,或许能带给我们启迪。

第十四章　美国王牌记者的故事 / 251

鲍勃·皮萨尼(Bob Pisani),美国家喻户晓的财经记者,1990年加入CNBC至今。他曾两次获得电视王牌奖提名。鲍勃在最初的职业选择上曾与父亲的关系陷入僵局,他父亲希望他继承家业,从事房地产生意,但鲍勃的梦想是当一名纪实类作家或记者。1997年，鲍勃进入纽交所开始报道股市新闻至今。是什么原因让他一直待在纽交所？他遇过的最大挑战又是什么？

第十五章　**纽交所的亚洲职员** / 273

萨姆·范（Sam Van），越南裔美国人，前纽交所上市业务国际部主管，前美国金融业监管局副董事。在纽交所任职期间，他专注于新兴资本市场的业务开发及关系拓展，负责多家中概股的 IPO。他见证并亲身经历了中概股赴美上市这些年的起起伏伏，并坚信公司不应将在纽交所挂牌上市视为终极目标，应寻找能够提供最佳估值的市场。作为亚裔美国人，他坦言在类似纽交所的美国企业会遇到职场"天花板"，偏见依旧存在，但是，最大的挑战永远是自己。

后记　/ 291

引言

在纽约市曼哈顿岛的最南部，有一条从百老汇大道向东河延伸的狭窄街道，别看这条路全长不过500多米，但其西边正对着举世闻名的三一教堂，美国第一任财政部长亚历山大·汉密尔顿（Alexander Hamilton）就长眠于此。由三一教堂穿过百老汇大道，沿着华尔街向东，还会看到著名的美国首任总统华盛顿的雕像，雕像矗立在联邦国家纪念堂的前方，那也是华盛顿当年宣誓就任美国总统的地方。从三一教堂徒步至华盛顿雕像只需要半分钟的时间，别忘了向右看看一栋门牌号是"华尔街11号"的建筑，那就是华尔街的"心脏"——纽约证券交易所（英文为New York Stock Exchange，中文简称为纽交所）。

在纽交所的大楼内，珍藏着一份被精心装裱的协议，它就是《梧桐树协议》（Buttonwood Agreement）。之所以被称为《梧桐树协议》，是因为这份协议的签订地点是在华尔街68号的梧桐树下。岁月更迭，虽然那棵梧桐树在1865年被暴风雨击倒而不复存在，但这份旨在规范证券交易的协议被流传下来，并被人们看作纽交所规程的雏形。其实，这份举世瞩目的协议原文非常简短，只确定了3条交易规则，下方附有24位经纪人的签名。

别看纽交所的历史不及华尔街久远，但它也有200多岁了。纽约时间上午9点30分，开市钟准时在这里敲响，牵动全球投资者心的三大股指——道琼斯工业平均指数（Dow Jones Industrial Average，简称DJIA）、纳斯达克综合指数（NASDAQ Composite Index）和标准普尔500指数（S&P500 Index，中文简称为标普500指数）开始上下起伏。按照纽交所交易员的说法，开市钟不等任何人，哪怕是美国总统来敲开市钟，如果9点半了还不来，开市钟仍会准时敲响。工作在纽交所交易大厅的交易员们，可能要算是全球最清高的群体之一。历经百年风雨的交易大厅接待过许多国家政要、商业领袖和娱乐巨星，但大多数交易员根本不在意那些与他们擦肩而过的名人，他们忙着交易，根本没有闲工夫。

纽交所的交易大厅之所以如此"吸粉"，除了它在全球金融市场的地位之外，还有其独具一格的工作环境。这里汇集了多家金融公司的交易员，他们来自不同的公司，彼此之间既是战友又是竞争对手。但最重要的是，在数年甚至数十年的相处中，他们更多地将彼此视为朋友和亲人。但凡有交易员结束职业生涯离开纽交所，大家都会在繁忙的交易工作中停下手头的工作，簇拥在那名交易员身边，为他鼓掌致敬，并和他握手拥抱。这种场景，总是催人泪下。

虽然交易大厅平日总是熙熙攘攘，但其组织架构并不复杂。简单来说，从地形上可以将交易大厅划分为交易台和交易亭两部分。交易台位于大厅的中央区域，呈马蹄状，而沿着大厅四周排列的一

引言

个个办公桌位叫作交易亭。前者供纽交所的指定做市商使用,后者供场内经纪人使用。无论是指定做市商还是经纪人,都可以被称为交易员(交易员工作性质的区别可参见第 8 章)。本书的 15 位人物中,有 8 位是交易员,但其中仅马克·奥托(Mark Otto)是指定做市商。

当然,除了一楼的交易大厅,其余楼层则是纽交所工作人员的办公场所,比如技术部、上市部、传播部等,另外纽交所还在部分楼层专设了会议场所,供内部员工、上市公司和访客使用。

除了交易员和纽交所的工作人员,日常出没于纽交所的还有财经记者、摄影记者等媒体人员。财经媒体通过镜头,从纽交所现场将股市的一举一动报道给全世界。美国财经媒体 CNBC(消费者新闻与商业频道)甚至还在交易大厅敲钟台下方搭建了一个形状大小都类似交易台的演播台做直播节目。

在这栋大楼里,二楼以上的办公场所与其他大型金融机构无异,但一旦进入位于一楼的交易大厅,就如同进入了另一个世界,那里自成一种氛围,也有很多有趣且不成文的传统,被我形容为"吼楼"的传统就是其中一个。每到长周末(周六到周一放三天假)的星期五,美国东部时间下午 3:33,交易员们的"吼楼"活动就开始了。

通常,大家会提前几分钟清清嗓子,之后交易大厅会陆续传出几声叫喊,这是一种很特别的声调,类似于森林里的猿猴叫声,音节单一,音调丰富。随着 3:33 的临近,越来越多的声音加入进来,所有声音在 3:33 准时汇拢,形成统一的声调。一时间,整个交易大厅基本听不见其他任何声音。吼声在高峰持续数十秒,然后音调逐

003

渐变得低沉，如同交响乐的男低音一般，将之前的兴奋状态压抑，慢慢收尾。一时间竟有一种幻觉，那吼声是从他们内心发出的声音。

　　我们的故事，就从这里开始。

第一章
"9·11"事件幸存者、热爱烹饪的顶级交易员

正如在中国有许多人愿意当"北漂"一样,一代代美国人也为了心中的梦想背井离乡,来到心中的圣地——纽约,成为"纽漂"。

有人说,漂泊不是一种不幸,而是一种资格。孤独,正是为梦想与自由付出的代价。在这一点上,无论是中国梦还是美国梦,都是一样的。

纽约时间清晨6点,位于曼哈顿下城的华尔街尚未苏醒,离股市开市还有三个半小时。此刻的纽交所交易大厅,只有挂在墙上的电视和反映实时数据的电子屏幕开着,各大财经媒体的播报声在冷清的交易大厅里显得分外嘈杂。但此时交易员肯尼·波尔卡里(Kenny Polcari)已经赶到交易大厅,一屁股坐到他的专属交易席位上,弯腰打开电脑主机,戴上眼镜,开始从网络中快速搜集一切与金融市场有关的消息,聚精会神撰写新一天的交易员笔记。身为意大利裔美国人,肯尼有着一双浓眉大眼和一副健硕的体格,30多年的华尔街职场时光似乎只在他那渐白的头发上留下了痕迹。一小时后,他的交易员笔记"晨间想法"(Morning Thoughts)被发送到全球各地,随后被翻译成其他语言进行二次转载。

也许你会感到不可思议,这份极具投资参考价值的交易员笔记不仅不收费,而且每天会包含他最新研发的烹饪秘方。"你为什么不收费?"我忍不住问他,"这么些年,你是怎么坚持下来的?"

他停顿了一下,露出意大利招牌式的微笑,说道:"我的确应该收费,但刚开始写作时,我没想过读者数量会如此猛增,所以我不可能中途开始收费。而且更重要的是，我享受写作，我很开心大家喜欢我的内容。我需要写作，这也是一种治愈方式。"我的表情变得更加困惑了，享受写作，我能理解，但他想治愈什么？他又经历了什么？

初识 "大胡子"

　　初进纽交所、刚刚熟练掌握财经节目播报流程的我，迫不及待给自己定了一个新目标——做交易员采访。针对股市走势、经济数据或宏观政策采访纽交所交易员，是美国主流财经媒体常用的新闻报道形式。而作为华尔街的权威，纽交所的交易员对大盘的分析和预测对投资者而言非常有参考价值。锦上添花的是，敞亮繁忙的交易大厅是天然又绝佳的新闻画面。当然，我对采访交易员也有自己的顾虑：交易员愿意接受我的采访吗？他们会不会觉得我是金融"小白"？犹豫中，我还是向纽交所公关部门提出了采访要求。时任纽交所公关的方琳很照顾我，她说："我给你介绍一位很容易相处的交易员。"紧接着，她带我到位于1楼的交易大厅，把我介绍给了肯尼。就这样，肯尼成了我进入纽交所采访的第一位交易员。

　　后来我才慢慢知道，并非所有交易员都可以接受媒体采访，纽交所严格的公关制度和对媒体的戒备心导致我们只能从官方提供的名单中选择采访对象，非常被动。所幸，肯尼是一位极好的被访者，他拥有丰富的肢体语言和抑扬顿挫的嗓音，再加上他有30多年的华尔街工作经验，简直完美至极！多亏了他，我人生的第一次交易员采访进行得很顺利。肯尼的声音极具辨识度，每当他接受媒体采访时，我连看都不用看电视画面就知道是他。肯尼享受上电视

第一章 "9·11"事件幸存者、热爱烹饪的顶级交易员

的过程，并表现得非常自如，我想这一部分是天性使然，另一部分是后天的自我培养。

肯尼的交易席位旁，挂着数十条不同颜色的领带，形成一个小小的鼓包。每次路过时我都惊叹：这个人竟然有这么多领带，和女人的鞋子数量差不多了。后来，他突然留起了胡子，而且胡子颜色又白，我晃眼一看还以为他跑到孤岛上独自生存了一个月。我实在遏制不了好奇心，便问他："这是你特意留的？"肯尼神色飞扬道："对。好看吗？这是我的新造型。"于是，我偷偷给他起了一个外号，叫"大胡子交易员"。

工作中的肯尼
（肖堃拍摄）

"我到纽约就是为了寻找机会"

肯尼出生在美国马萨诸塞州的一个意大利移民家庭，从小在美国著名的度假胜地科德角（Cape Cod）长大。他家有五个孩子，他

是老三。和绝大多数美国精英的成长途径一样，肯尼 1983 年毕业于波士顿大学管理学院的金融专业，并在毕业前 9 个月就接到了纽交所抛来的"橄榄枝"———一份全职工作。按他的话来说，这如同中了大奖一样幸运。因为那时美国经济非常动荡，失业率在 10% 左右，很多大学生毕业后很难找到工作。

要我说，这并非偶然，也不能算作幸运，而是来源于当初他对自己的苛求。1980 年，大一刚结束的他从一名大学同学的父亲那里得到了在纽交所当暑期实习生的机会。尽管机会千载难逢，但刚满 19 岁的他竟然做了很长时间的思想斗争，此时无拘无束的性格在肯尼身上一展无余。"我可是在科德角长大的，暑假正是那里最美的时候，我完全可以在那里当救生员，还能享受大海。"肯尼纠结了很长时间。反复对比得失后，他说服自己去纽交所尝试一下新鲜事物。就这样，年仅 19 岁的他独自搬到了纽约，对即将面对的一切一无所知。

肯尼拖着箱子只身来到位于曼哈顿下城的金融区，在距离纽交所一个街区的地方租了一间小得不能再小的公寓。尽管可以被看作全球金融中心，但当时的华尔街只是工作场所，股市闭市后，人们会陆续离开华尔街，留下一片寂静的"钢铁森林"，住在那里的唯一好处是，房租相对便宜。

"20 世纪 80 年代的曼哈顿下城，除了银行和券商，什么也没有。一到下午 5 点钟，这里就如同鬼城一样看不到人影。不过，对于一个没钱的小孩儿来说，一间能够负担得起的公寓才是我迫切需要的。"肯尼说道。他租了一间三月期满的房子，每月租金 575 美元，手上拎着两套西装、几条斜纹棉布裤、六件领尖钉有纽扣的白衬衫和几条领带搬进了那间公寓，这是他仅有的家当。刚住进去的

第一章 "9·11"事件幸存者、热爱烹饪的顶级交易员

时候,肯尼的心情沮丧到了极点。此时此刻,夏日里的科德角正是非常舒服的时候,那里有阳光、沙滩和冰镇啤酒,但他现在独自一人流落到了一间狭小不堪的陌生公寓,被没有生活气息的下城区包裹。而他更加没有想到的是,每当他结束一天的"战斗"回到家时,迎接他的是寂静和空洞,甚至连餐厅都关门了。

面对巨大的落差,肯尼不断告诉自己,他是为了梦想而来的,应该随遇而安,把一切看开一些。而此刻的他,不知道路在何方,更不知道还有什么困难会再次出现在自己眼前。然而,他没想到,下一个迎接他的确实是一个意外,但是意外之喜。"当我走进纽交所的那一刻,我发现了一个截然不同的世界。这里被兴奋、活力、创造力和战斗力填得满满的。这里有着独特的社交模式和沟通方式,人们说话的方式暗示着买方或卖方的身份,而且只有学会了特定的术语和符号,才能与纽交所的人们进行交流,进而交易股票。这种感觉就像置身于一个陌生的国度,只有学会了当地的语言,才能参与其中。这,简直是全世界最神奇、最棒的地方!"此刻的肯尼如同哈利·波特(Harry Potter)第一次进入霍格沃茨魔法学校一般,对周遭的一切感到既陌生又激动,似乎全身血液都在这个年仅19岁的少年身体里被调动了起来,快速地流动着。

肯尼的第一次实习经历让他彻底爱上了纽交所,并在随后的两年大学暑期继续回到纽交所当实习生。和纽交所比起来,冰冷狭小的房间又算什么呢?"不过,虽然我在读大四的时候就从一位交易员那里获得了全职工作的机会,但那时的我依旧盘算的是,就在纽约待两三年,然后搬回波士顿和家人一起住。结果,我现在已经在这里待了35年了。"每想到此,肯尼都会不自觉地微微一笑,那时

的无知少年何曾想到，两年后的他不仅在纽约安了家，后来还差点在此丢掉了性命。

A型人格——天生的交易员

获得交易员号码牌，并不等于拿到了纽交所的通行证，哪怕是对于肯尼这样具有金融专业背景的人。当他第一次迈进纽交所的那一刻，有5 000名拥有"A型人格"[①]的交易员在那里忙碌，人高马大的他突然显得异常渺小，随即他就被淹没在人头攒动的交易大厅。没入门，就没人顾得上理你。华尔街需要的是会挣钱的人，而不是什么也不懂的"初生牛犊"。在波士顿大学学了四年的金融学，他了解了经济的基本概念，获得了如供需关系、经济数据、宏观经济、微观经济、企业财报等基本知识，但这些竟然对他在纽交所的工作没有丝毫帮助。因为在"象牙塔"里并没有人教他交易技巧，也没有人告诉他如何与人沟通，特别是如何与纽交所的交易员们沟通。这些必须从日复一日的实战中积累，就如同婴儿要从多次摔跤中掌握走路的技能。要当一名合格的纽交所交易员，需要与生俱来的个性和不畏困难的坚韧。

---

① A型人格与B型人格是对人们人格特质的一种区分方式。通常来说，A型人格者具有较强进取心、侵略性、自信心、成就感，并且容易紧张。A型人格者总愿意从事高强度的竞争活动，不断驱动自己要在最短的时间里干最多的事，并对阻碍自己努力的其他人或其他事进行攻击。B型人格者则较为松散，与世无争，对任何事皆处之泰然。

第一章 "9·11"事件幸存者、热爱烹饪的顶级交易员

肯尼进一步做了解释:"我需要读懂大厅里面的那一群人,我必须知道如何与他们沟通。交易大厅里那5 000名交易员构成了一张非常紧密的人际关系网。我每天都要见到这些人,所以我需要和他们很好地相处。同时,我还应该明白客户对我的要求并了解外界环境,即明白客户们要求我在工作时表现出多大的攻击性,同时了解大厅里的交易员们又有多大的攻击性。"

在没有互联网的年代,肯尼需要从交易大厅里交易员们的表现去判断一只股票或是一个板块是否有新闻、是否会对交易产生影响,然后把他所看到的、听到的这些碎片化的信息组合到一起,对一笔交易做出判断。这是一种悟性,但如果你天生具有这种能力,你很有可能会成功。

对华尔街而言,交易的悟性或多或少取决于天赋。在纽交所当交易员,需要拥有A型人格,而且需要极强的A型人格,因为这种个性是整个交易大厅的能量之源,也使市场拥有自身的个性。肯尼用他那极具感染力的声音说道:"在这里工作,你需要具备A型人格,因为这里每天的能量太高了。如果你是B型人格的人,就很难应付这些,你会疯掉的。"

那么,纽交所交易员的A型人格有什么特征?根据我的观察,可以总结为:1. 有效率,但也有耐心;2. 永远守时,甚至提前;3. 有每天的任务清单(但不一定会去打钩);4. 将每一个任务都看作紧急的;5. 极端目标导向型;6. 容易紧张。

A型人格还有一个特征是很难使自己放松。不过,在这一点上,肯尼不同。可能是有意大利人基因的缘故,肯尼很容易在下班后找到放松的方式。无论在股市开市期间承受多大的压力,一到下

亲历纽交所

午4点闭市，他就会放松下来。"在春夏时节，我喜欢到后花园摆弄一下花花草草以及农作物，冬天我会去滑雪。我很喜欢开船到深海钓鱼，那比站在岸边钓鱼刺激多了，只有那样才能钓到大鱼。"

肯尼在交易大厅接受CNBC采访

"9·11"事件幸存者

在纽交所工作了近20年的肯尼也许从没想到，他会在有生之年亲身经历一起轰动世界的恐怖袭击事件，更不会想到的是，他竟与死神擦肩而过。

2001年9月11日，19名基地组织恐怖分子劫持了四架客机，其中的两架分别撞击了位于曼哈顿下城的世贸中心双塔，一号楼和二号楼在两小时内相继倒塌，上千人在这次恐怖袭击中丧生，其中很多人是在双塔里上班的华尔街精英。对于在纽交所工作的人来说，这一天对他们产生了不可磨灭的影响，犹如噩梦突然降临，猝

第一章 "9·11"事件幸存者、热爱烹饪的顶级交易员

不及防,并在未来的日子里不停叩击着他们的内心,变成一个深不见底的黑洞,里面充斥着恐惧、无助、愤怒等一切极端的情绪。

不少纽交所的交易员在这一天以后再也不愿意回到华尔街,而是选择了一种全新的生活方式。他们不愿每天面对这段黑暗的历史,更不愿意在被污染的空气中生活。不过,有两位交易员连选择的权利都没有,因为他们被困在世贸中心没能逃出来。而肯尼,要不是因为一次偶然,他极有可能成为第三位没能从世贸中心逃生的交易员。17年前的那一天,每一秒他都历历在目。

那时,自己经营公司的肯尼在世贸中心二号楼55层有一间办公室。通常,他会在上午8点55分起身离开办公室,前往距离1 200米处的纽交所开启一天的股市交易。恰巧那一天,肯尼的同事准备提前去纽交所吃早餐,并邀他一同前往。"我那时手头的事情特别多,所以并没有和他们一起离开公司。"肯尼开始回忆那天的情景,"那是早上8点钟,他们先行一步坐电梯走出了二号楼,并且已经穿过了一条马路。不知出于什么原因,我的一位同事乔纳森·科皮纳(Jonathan Corpina)突然停了下来,和其他人说:'你们先去纽交所找个桌子,我回去把肯尼叫上!'乔纳森转过身,重新穿过那条马路,再次坐上二号楼的电梯回到了办公室,和我说道:'肯尼,和我们一起去吃早餐吧!我们保证会在今天工作结束前帮你把这些活儿干完。'"

面对同事的一再邀请,肯尼明显感觉到如果他仍不领情,他的同事是不会放弃的。被工作缠身的肯尼此刻抬头看了看窗外,那时的天气美极了。湛蓝的天空、耀眼的阳光,正是夏末初秋的好时节。肯尼开始觉得自己的确有点饿了,于是放弃了待在办公室的念

头，伸了伸懒腰，从椅子上起身并回头拿上外套，在 8 点 30 分和乔纳森一起走出了世贸中心。8 点 46 分，肯尼前脚刚迈进纽交所大楼，世贸中心一号楼就被飞机撞击了。

8 点 46 分，美国航空公司第 11 次航班以每小时 490 英里（1 英里 = 1 609.344 米）的速度撞上了世贸中心一号楼，两座楼的警报声同时响起。9 点 03 分，美国联合航空公司第 175 次航班撞向世贸中心二号楼。

事后根据肯尼的了解，与他在同楼层工作并成功逃出的人，在二号楼被撞击时至少走到了第 25 层，而当他们跑出大楼后，只有 4 分钟的时间可以抢在大楼倒塌之前逃往安全地带。肯尼回想起来非常后怕，如果那天他的同事们没去纽交所吃早餐，或者没坚持把他拖出办公室，或者他最终没去纽交所吃早餐，那么当第一架飞机撞上世贸中心一号楼时，他会在哪里？他会在做什么？他会被困在楼里吗？他会不会因为震惊而一时慌了手脚？他又会不会在火焰和尸体之间穿行，以致全身僵硬无法迈步？

"也许，大楼直接把我吞噬了。"此刻的肯尼变得有些像祥林嫂，他开始不断重复着可能发生的情况，"如果那天我没有被同事强行拉出大楼吃早餐，我也不会坐在这里接受你的采访了。我的同事乔纳森救了我的命，他当时几乎是把我拉出大楼的。"

虽然世贸中心二号楼不是第一座被撞击的楼，但比一号楼更早塌陷。当时有两种分析：一是因为第二架飞机的飞行速度更快，二是因为二号楼被撞击的楼层更低。这导致二号楼无论是损害程度，还是楼内的支柱负重都比一号楼更大。

"9·11"事件发生之后，肯尼花了很长时间来思考人生，他笑

第一章 "9·11"事件幸存者、热爱烹饪的顶级交易员

不出来,哪怕他是恐怖袭击的幸存者。"很长一段时间,我都不能理解为什么我能得到上天如此的眷顾。很多人告诉我这是因为上帝对我还有更重要的规划,所以我活了下来。但这种解释对我并没有什么帮助。当我想到和我年龄相仿、刚组建了家庭的人们被困在那两座楼里没能走出来时,我真的不认为这种解释有任何道理可言。他们和我一样,也是正当年,有家庭和孩子。"这就是肯尼有关"9·11"事件的故事,他的同事无意之间救了他的命,但为什么冥冥之中他被选中成为那个幸运儿?他,不明白。

2018年的9月11日,17年过去了,纽交所的交易大厅仍会在美东时间早9点20分默哀一分钟,悼念在"9·11"事件中遇难的人。17年过去了,当初经历"9·11"事件的人都在岁月洗礼下变得更加成熟和平静,但他们依旧不愿提起当年的经历,充斥着整个曼哈顿下城的烧焦气味和令人窒息的黑色粉末在他们的脑海中藏匿了17年,从未离开。无论是多勇敢的人,似乎都不愿主动回想那段最黑暗的时光,他们选择回避,让痛苦得以适度缓解。

重新站起来,去华尔街战斗

从"9·11"事件中侥幸逃生的肯尼,并没有时间喘气,因为他即将面临一个巨大的挑战。根据纽交所官方信息,当9月11日9点03分世贸中心二号楼被撞之后,很明显美国正遭遇袭击,纽交所在当天上午并未交易,并一直关闭到9月17日,这是自"一战"以来最长的一次休市。

"9·11"事件之后,在来自白宫和全球金融市场的巨大压力下,

亲历纽交所

"9·11"事件纪念光柱

（作者摄于 2018 年 9 月 11 日晚）

纽交所在时任主席理查德·格拉索（Richard Grassso）的带领下，计划在接下来的周一重新开市。重新开市前，肯尼没事就坐在家里的沙发上，他努力支撑着疲惫的身体，一动不动地盯着电视，看有关"9·11"事件的一切新闻报道，实在挺不住了就直接倒在沙发上睡觉，睡醒后再坐起来，继续看新闻。

不过，肯尼并没有一直在沙发上耗下去，为了确保纽交所可以在 9 月 17 日重新开市，他和同事周末跑回纽交所提前检查所有系统，确保电话、电脑能正常运转。此刻的华尔街仍处于废墟之中，而且道路被封锁，只有凭有效的工作证件才能进入华尔街。肯尼的妻子并不情愿他重返华尔街，因为她实在担心可能发生下一次意

第一章 "9·11"事件幸存者、热爱烹饪的顶级交易员

外。幸存者肯尼管不了那么多,他坚定地告诉家人:"我必须回去,这是我的工作。"那段时间的地铁只开到曼哈顿布鲁克林大桥那一站,所以接着他需要穿过国民警卫队以及检查站卡,再徒步到纽交所。安保工作非常严格,所有进入纽交所的人只能携带个人证件和大楼通行证,不能带包等任何东西。这样的状态持续了约两个月。

2001年9月17日上午9点30分,纽交所重新开市,警察和消防员们被邀请到了纽交所的敲钟台上,与格拉索一同敲响了开市钟。那一刻,交易大厅中挤满了交易员,大家拍手欢呼,热血沸腾。

"那天是我作为一名美国人,特别是一个在纽交所工作的美国人最自豪的一天。"此刻的肯尼坐在我对面,平静地回忆着他最自豪的那一天。"9·11"事件后纽交所的重新开市,对于整个美国乃至全球而言都意义重大,这不仅是资本市场重整旗鼓的标志,还具有极大的精神意义和政治意义。"9·11"事件不仅是对美国的袭击,更是对金融系统、美国文化和全球资本市场的多重袭击。从某种程度来说,由于"9·11"事件同时影响了亚洲及欧洲的金融市场,所以也被看作对全球资本市场的袭击。在华尔街乃至美国政府的努力下,纽交所克服了通信等技术难关,以最快的速度恢复运行,巨大的齿轮重新开始运转。并非所有交易员都重新回到了工作岗位,他们中的一部分人转行了,但肯尼最终选择留下来。

写作是治愈一切的良药

如果说"9·11"事件是一次危及生命的灾难,那么金融市场的跌宕起伏让肯尼的每一天都充满刺激。而他选择用文字来开启一天

忙碌紧张的交易工作。每天凌晨4点，肯尼就从床上一跃而起，连早餐也顾不得准备，就急急忙忙带着包出门，去赶开往曼哈顿方向的火车。对于迈进纽交所交易大厅，他一刻都不能等。

30多年，他始终对金融市场保持着兴奋。"不论何时回家，我都会在早晨4点起床。"6点抵达交易座位后，他开始写"晨间想法"，并在7点15分写完，通过他自己的邮件系统发送给全球读者。这份囊括了全球金融市场分析和前瞻预测的交易文章完全免费，这是他自己的想法。他享受写作，更将写作视为一种治愈的方式。

"晨间想法"诞生于2010年11月，那时美国仍陷于次贷危机的阴影之中。作为交易员，长时间工作在金融危机的环境之中让他感到心力交瘁，于是他开始通过写作来帮助自己理清思路，重新恢复理性。最初，他只把笔记发送给他的客户，也就80人左右。慢慢地，他的文章获得人们的认可，有的订阅者会转载，甚至翻译成其他语言再转载，"晨间想法"就这样如同滚雪球一般扩散到全世界。

一份连家庭主妇也爱读的交易员笔记

肯尼最初的文章主题仅限于金融市场，但一个月后，他的文风突发转变，并意外地获得大家的一致追捧。这还要从一次误发的烹饪秘方说起。

2007年，次贷危机开始从美国向全球蔓延，3年后，欧洲银行业也未能幸免。在与惨不忍睹的华尔街股市战斗了整整一周后，肯尼精疲力竭地回到家中，感觉耗尽了所有力气。那是一个周五的夜晚，天气预报称即将到来的周末会很寒冷并有降雨，于是他换上了

第一章 "9·11"事件幸存者、热爱烹饪的顶级交易员

睡衣,告诉妻子:"整个周末我不接任何电话,就想点上火炉关上门,烹饪菜肴或者窝在沙发上看电影。"肯尼的妻子也曾经是交易员,她相当理解丈夫的心情。

"于是从周五晚上到周日晚上,我一直穿着睡衣,在看电影和烹饪中度过。接着又到了周一,我重新到了纽交所并继续撰写'晨间想法'。这时一个客户给我打电话,问我周末过得如何。我告诉他我的经历。他知道我擅长烹饪,便问我做了什么菜并向我索要烹饪秘方。我做的其中一道菜非常简单,叫手工芝麻菜青酱(Arugula Pesto),10分钟就可以搞定。我下意识地将手工芝麻菜青酱的食谱打在了'晨间想法'的末尾,接着鬼使神差地就按了发送键。结果,这篇带有食谱的股市文章就发给我所有的客户了。没过几分钟,我开始不停接到客户的电话,问我为什么文章的末尾有食谱,我一边向他们解释一边笑。到了第二天,当我开始写新的笔记时,我查看了一下前一天关于食物的对话以及大家的反馈,愕然地发现大家谈论的竟然都是美食,而不是金融信息。于是我决定,不再循规蹈矩,而要每天都为大家附赠一份食谱。金融让人感到神经紧张,但食物有治愈功能,两者如同阴阳结合。"

作为"晨间想法"的订阅者,我每次都会先翻到文章的最后一段,看肯尼的独家烹饪秘方,之后再回过头阅读他的股市笔记。肯尼的烹饪秘方并不局限于美式食物,有些甚至是他的独创。每天,我都在他的"复活节菜肉馅煎蛋饼"(Easter Fritatta)、"希腊风味剑鱼"(Greek Style Swordfish)、"烤羊腿"(Roasted Leg of Lamb)、"青柠派"(Key Lime Pie)等美食中遨游,因为食谱介绍得非常详尽,我似乎从字里行间就能闻到美食的味道。痴迷于做饭的肯尼喜

亲历纽交所

欢创造性的烹饪方式，整个做菜的过程全凭感觉。

我想，这也是"晨间想法"能一直维持到现在的原因。美食和金融的结合，缩短了华尔街和普通民众的距离，让充满经济数据的文章显得不那么艰涩，也让文章变得更加真实和接地气儿，以致和读者之间在生活中建立了密不可分的连接。

肯尼的"晨间想法"

第二章
备受马云尊崇的"纽交所传奇交易员"

他经常会脑洞大开,进行一些奇怪的思考,比如,如果总统被刺杀了,会发生什么,金融市场会有何反应?如果美联储主席由于某些原因受伤了,又会发生什么,金融市场又会有何反应?他认为,这些事情不是不可能发生,所以必须要在它们发生之前有所思考。当新闻爆出来时,交易员几乎没有时间去思考,必须非常快地做出反应,好似条件反射一般。

2014年9月19日,华尔街迎来了截至当时最大一宗IPO(首次公开募股),缔造这一历史的不是一家美国公司,而是中国的电商巨头——阿里巴巴集团。可以与其上市规模媲美的是庞大的到场人数,阿里巴巴从中国带来了逾100家的媒体团队,庞大的媒体阵容以及围观群众把本就狭窄的华尔街围堵得水泄不通。由于见证这一历史时刻的人数太多,媒体团队的大部分记者被纽交所安置在六楼特意为其改造的媒体工作区,仅有小部分幸运的记者真正踏入交易大厅,现场亲历了阿里巴巴的正式开盘。由于此次IPO规模庞大,市场需求旺盛,美国东部时间9点30分开市钟敲响之后,阿里巴巴经历了10轮询价,近两个半小时的等待时间在当时创下了十年来最长询价时间纪录。

被簇拥在媒体人员和交易员中间,一同等待阿里巴巴首单交易的是阿里巴巴创始人、时任董事局主席马云,他是当天华尔街乃至全世界最闪耀的明星。这位很多财经记者做梦都想采访的名人,在当天除了参与公司上市之外,还做了一件事,就是专程找到瑞银集团(全称瑞士联合银行集团,英文为Union Bank of Switzerland)纽

亲历纽交所

交所交易大厅操作主任亚瑟·卡欣（Arther Cashin）合影留念。马云对他的朋友说："来到纽交所，怎么能不和亚瑟合照呢？"马云与这位被尊称为"纽交所传奇交易员"的亚瑟短暂交谈了一会儿，并和他合影留念。

亚瑟是谁？为什么备受瞩目的马云坚持要与他合影？

一次来之不易的采访

现任瑞银集团纽交所交易大厅操作主任的亚瑟，被业界尊称为"纽交所传奇交易员"，虽然头发早已斑白，但多年驰骋于华尔街从未停止过战斗的他脸色红润，锐利深邃的眼眸透露出他异常敏捷的思维，习惯性微微皱紧的银色眉毛又使他与人保持着一种微妙的距离感。唯有向左倾斜的肩膀和明显蹒跚的步履提醒着人们，亚瑟已经77岁了。

交易员们早已习惯每天在大厅入口处拿一份他当天写的股评，如果某一天没有股评，那就意味着这一天他不在纽交所，这时大家总会有些怅然若失。这么多年以来，亚瑟犹如交易大厅的"定海神珍"，他在，人们便心安。因为每当股市发生剧烈波动之时，人们总会去询问他的看法，希望他能给出交易的方向。

在我看来，亚瑟是不苟言笑的，无论他是在大厅里来回走动与交易员们交换信息，还是接受CNBC的专访，他都甚少微笑。他是华尔街最权威的交易员之一，他认真又公平地对待每一位投资者，他坚持客户利益大于一切。

向亚瑟预约采访的过程是我碰到的最难的环节，因为他回绝了

第二章 备受马云尊崇的"纽交所传奇交易员"

亚瑟在交易大厅

我两次。想要邀请他成为我书中的主角,首先需要获得他的信任,让他愿意由我撰写他的人生故事并用中文发表。于是,我开始琢磨和他套近乎的各种方式。套近乎最简单的方式就是"偶遇"。根据我的观察,作为交易大厅主管,在每天下午 3 点 20 分左右,他都会在大厅绕场巡视一圈,和场内交易员交换信息,这正好是我每天在位于交易大厅斜上方玻璃演播室里录制美股收盘节目的时间。每当结束录制回到大厅时,我便经常在大厅过道和亚瑟迎面碰上。

我与这位传奇交易员的第一次对话就是在这种情况下展开的。我佩戴着纽交所媒体证,朝着正向我走来的亚瑟微笑,向他进行简单的自我介绍。

亚瑟停住脚步,紧皱的眉毛略微舒展开来,大厅嘈杂的声音导致我的自我介绍并没有清楚地传递给他,但他主动和我握了握手,

亲历纽交所

如同发言人一般郑重其事地对我说："欢迎你来到纽交所。"说罢，他迅速将目光从我身上挪开，继续寻找下一位他要了解信息的交易员。经过几次这样的"偶遇"后，在一个临近收盘的星期五，我终于鼓足勇气来到亚瑟的座位前，诚恳地向他发出采访邀请，为此我还预演了几遍。亚瑟并未直接给我答案，他思考了一会儿，说道："让我考虑一下，下周五给你回复。"

一周后，我再次鼓起勇气来到他所在的交易亭，我的心简直提到了嗓子眼，那感觉如同等待公司宣布招聘结果。亚瑟认真地对我说："不好意思，我想了想，决定只接受 CNBC 的采访，其他时间我想全部放在我的客户身上。"我谢过了亚瑟，默然地回到楼下的媒体中心。

过了一年，因为一起偶然事件，我意识到很多想做的事、想采访的人如果错过了，可能就再也没有机会了。于是，我没再给自己任何犹豫的机会，径直跑到交易大厅找到亚瑟，坚定且礼貌地对他说："我知道您此前拒绝了我，但我真的很想把您的故事记录下来。这个交易大厅里的人逐渐离开了华尔街，同时也带走了他们的故事。在我看来，这些故事如此精彩，又发人深省，我真心希望您能再考虑一下我的采访请求。"

这一次，亚瑟盯着我观察了一会儿，似乎被我的情绪感动了，他看着我，脸上依旧保持着严肃的神色，终于对我说："你给我的秘书发一封邮件，把想问的问题都列出来，我看看，另外我只有一个小时可以接受采访。"

一周后，这位"纽交所传奇交易员"与我并肩坐在纽交所 17 楼的员工用餐处，带我回到了 20 世纪的 60 年代。

第二章　备受马云尊崇的"纽交所传奇交易员"

杰克教授与古巴导弹危机

亚瑟 18 岁便进入了华尔街。由于他的父亲在他读高中时就去世了，所以他不得不放弃一笔即将到手的大学奖学金，进入社会工作以养活他的家庭。亚瑟最初的想法是白天去位于曼哈顿中城的纽约港务局巴士总站（Port Authority）工作，晚上去大学上课。然而，由于身体原因他被纽约港务局巴士总站拒之门外。"当我参加它们的文书工作测验时，我的成绩是有史以来的最高分，但我被检查出患有静脉曲张，医生说患有静脉曲张的人无法在那儿工作。"亚瑟说道。

命运使然，1959 年，亚瑟来到了华尔街，在一家名叫汤姆森·麦金布（Thomson McKinnon）的公司找到了工作，周薪是 39 美元。干了几年后，亚瑟发觉这份工作没有任何前途可言，凭着聪明勤奋，他成功跳槽到了一家有三位合伙人的小公司——P. R. Herzig & Co。"事实证明我的选择是正确的，因为公司将我的名牌放在了纽交所的交易席位上，我成了纽交所最年轻的成员之一，那年我 23 岁。"就这样，年轻的亚瑟踏进了纽交所，进入了一个以 40 岁以上的人为主的圈子，展开了一段漫长又有趣的职业生涯。

"当时的你与纽交所绝大多数人的年龄差距很大，这会不会让你在工作时很难与人沟通？"我很好奇地问道。

亚瑟摇摇头，说道："不会。在我的一生中，哪怕是在我年轻时，我也经常和不同年龄的人一起工作，我总能从中学到很多。"

亚瑟最初进入纽交所，是一位"两美元经纪人"，这个职位类似于独立合同工。比如他为美银美林集团（America Merrill Lynch）

的交易员打工，若美银美林集团的业务很繁忙，交易员们都在忙其他交易，那么为了让一笔特定交易得以执行，他们必须找其他人来完成这笔交易。"我非常幸运被他们选中，为他们做事。"亚瑟说道。

不仅从工作中学习知识，年轻的亚瑟还经常去各种沙龙学习。正是在一个沙龙里，他结识了一名从事白银股票交易的前辈，他把这位前辈称为"杰克（Jack）教授"。"我与杰克教授之间最有趣的一个故事是，我需要给他买酒来支付我的'学费'。"亚瑟说道。

这位60多岁的杰克教授爱喝一种经典苏格兰鸡尾酒，只要亚瑟有钱支付酒费，或者杰克教授在喝光酒后还能继续说话，他俩之间的课程就能持续下去。在那个年代，一杯酒大概1.75美元，而经典苏格兰鸡尾酒是1美元一杯。亚瑟当时一周能挣75美元。

在古巴导弹危机发生的那段日子，有一天，亚瑟突然产生一种强烈的预感——苏联已经按下了发射按钮，导弹已经射向空中了。而那时的市场也有类似的谣言，道琼斯指数在接近收盘时出现"跳水"。此刻的亚瑟变得非常兴奋，他感到自己血管里的血液在加速流动，并且似乎快要迸发出来。尽管当时没有太多钱，但他觉得如果能花100美元左右买入一个卖权的话，可能会从中赚很多钱。

"我就像一个18岁的孩子，一秒钟也没法在座位上多待，我慌里慌张地收拾好桌子，朝着杰克教授常在的那间酒吧飞奔，而杰克教授已经等候在那里了。"

还没踏进酒吧，亚瑟就迫不及待地在酒吧门口高喊道："杰克！杰克！苏联就快要按下按钮了，我想卖出。"

杰克教授并未直接回答亚瑟，他对面前这位气喘吁吁的年轻人

第二章 备受马云尊崇的"纽交所传奇交易员"

说道:"孩子,给我买杯酒。"亚瑟赶紧给他叫了一杯酒。杰克教授接着说:"现在,你坐下来听我说。"

前一秒还心急如焚的亚瑟此刻温顺地坐到凳子上,杰克教授这才认真地对亚瑟说:"当听到导弹已经发射的时候,你应该买入,而不是卖出。"

亚瑟以为自己听错了,他停顿了一下,疑惑地重复了一遍他听到的话:"买入而不卖出?"

杰克教授回答道:"当然了。如果你判断对了,那时交易永远不会清算,而我们可能都死了。"

亚瑟恍然大悟道:"哦,你绝对是对的!"

这是市场交易员永远不会从像沃顿商学院这样的地方学到的知识。就这样,亚瑟不停地从那些有多年实战经验的老交易员身上汲取知识,并密切关注他们的人生经历,继而掌握交易的要领。

比"黑色星期一"更可怕的是第二天

亚瑟之所以被称为"纽交所传奇交易员",其中一个原因是他对历史事件无所不知。他如同交易大厅里的一本"活字典",你想知道什么,他都能告诉你,因为他经历了太多太多。2018年2月5日,美股经历了有史以来最夸张的一次"闪崩",道琼斯指数一度下跌接近1 600点。第二天,在一片惶恐中迎来了开市,面对投资者的不安情绪,亚瑟在接受采访时表态:"以我在华尔街50年的经验来看,筑底正在进行中。"各大财经媒体迅速转发了他的言论,为了增加说服力，媒体在标题中不约而同地使用了"50年华尔街老将""顶尖交易员"之类的字眼。

从1959年开始在华尔街工作，到1964年成为纽交所的一员，再到后来成为交易大厅主管。我问他，在他半个世纪的工作经历中，哪件事对他的挑战最大，亚瑟回答说："这实在太多了，约翰·肯尼迪（John Kennedy）被刺杀是一件，古巴导弹危机也是一件，1987年的股灾更是一个彻底的挑战。"

"很多人都记得1987年的股灾，其实，真正恐怖的是这个'黑色星期一'之后的第二天。"于是，亚瑟带我走进了30多年前的那一天，那是人人都如惊弓之鸟的一天。

在"黑色星期一"之后，许多银行开始关闭纽交所股票经纪人和做市商的信贷额度。因为当有关"道琼斯指数在一天之内暴跌了22%，跌了508点"的新闻一出，不少银行高层就感到极度不安，他们开始寻找自以为能保护大家的办法。结果，他们关闭了股票经纪人和做市商的信贷额度，因为他们担心这些股票经纪人和做市商会破产，最终无法收回贷款。或许从某种角度而言，这是一个好办法，但在股市方面他们并不擅长，因为他们并不了解股市。

银行的做法对正陷入困境的股票经纪人和做市商而言无疑是雪上加霜，他们已经面临流动性困境，而现在银行又想赶紧抽身，接二连三地关闭了他们的信贷额度。

作为交易大厅主管，股票经纪人纷纷打电话向亚瑟求助："他们关闭了我的信贷额度，我不能在这个股票上继续做市。"于是亚瑟暂停了道琼斯指数30只成分股中15只股票的交易。亚瑟回忆道："股市在前一天已经跌了508点，在第二天的早盘刚上涨了约

第二章 备受马云尊崇的"纽交所传奇交易员"

150点,大家以为终于可以松口气了,没想到大盘再度下挫,你都可以听到交易大厅里倒抽气的声音:'我的天啊,世界末日快来了,接下来会发生什么?'"

亚瑟接着说:"在我们停掉了道琼斯指数中一半股票的交易后,纽交所时任主席约翰·范尔霖(John Phelan)获悉了发生的一切。他遂即给艾伦·格林斯潘(Alan Greenspan)打电话,后者刚刚被任命为美联储主席,但格林斯潘飞去达拉斯领奖了。那个年代没有手机,一旦你要联系的人在飞机上,你就无法联系到他。范尔霖感到压力颇大,于是他紧接着联系了时任纽约联邦储备银行(简称纽约联储)主席的杰拉尔德·科里根(Gerald Corrigan),告诉他发生了什么。

"科里根给美国信孚银行(Bankers Trust)打电话,告诉对方:'听着,我需要你们重开信贷额度。'

"不出意料,美国信孚银行回应道:'哦不,这风险太大了。'

"科里根继续说:'你知道我是谁吗?我是纽约联储主席。我监管你们,我想让你们打开信贷额度。'

"时任美国信孚银行主席的阿尔弗雷德·布里坦(Alfred Brittain III)仍不为所动:'不行,这对我的股东和客户来说风险太大。'

"科里根接着说:'你把银行的信贷额度打开,美联储会弥补你们的任何损失。'

"就这样,华尔街才得以重新开市,市场开始上涨。在那一天,整个美国金融体系距离彻底崩盘仅仅几步之遥。"

虽然外界都将"黑色星期一"记录在案,但在亚瑟眼中,最黑暗的是第二天，因为那一天每个人都在焦急地等待股市反弹，但大盘在开市后不久便反转下滑。纽交所的股票经纪人和做市商因为被银行拒绝提供信贷额度而一度陷入流动性困境，纽交所因此也濒临极其危险的处境。

作为资历尚浅的财经记者，尽管我并没有体验过1987年股灾带来的恐慌无助，但也经历过两次不小的美股大跌。我依旧清晰记得刚到华尔街不久的2011年8月，美股遭遇了有史以来最跌宕起伏的行情。市场开始变得风声鹤唳，投资者如同惊弓之鸟，一种"大难临头"的恐惧情绪笼罩着这条长度仅536米的街道。与投资者们一样紧张忙碌的应该就是媒体人员了。许多搭载着直播设备的新闻采访车挤在与华尔街交叉的百老汇大道上，财经记者个个紧握话筒，迅速从口中蹦出一个又一个最新的股市数据。这里，成了媒体的主战场。不过，如果让我对7年前那个初出茅庐的自己说点儿什么的话，我一定会告诉她不要过于惊讶股市的暴跌，因为道琼斯指数在之后的2018年2月5日一度下跌近1 600点。股市就这样时不时给投资者敲一下警钟，也从不给媒体任何准备的机会，"惊喜"总是意外降临。

以史为鉴，方能未卜先知

亚瑟在华尔街干了55年，经历了许多糟糕的时刻，但1987年的股灾无疑是最可怕的一次。也许正是由于这起灾难性事件，亚瑟养成了随时进行头脑风暴的习惯。

"当新闻突然出现时，我们没有时间召集大家开会，也不能向

第二章　备受马云尊崇的"纽交所传奇交易员"

其他人咨询,所以只能提前思考可能会发生的事情。"

我们的对话发生在当下有关加密数字货币的淘金浪潮,一些人因买入以比特币为首的加密数字货币而一夜暴富,许多人也幻想自己能有相同的运气,一夜或者几天之内成为百万富翁。我没有问亚瑟对加密数字货币的看法,因为我觉得他已经给了我答案。

亚瑟向我推荐了查尔斯·麦基(Charles Mackay)于1841年所著的《非同寻常的大众幻想与群众性癫狂》(*Extraordinary Popular Delusions and the Madness of Crowds*),这本书讲述了历史上三大著名经济泡沫——"郁金香泡沫"、"南海泡沫"和"密西西比阴谋",以及十字军东征等历史事件,旨在告诫大家以史为鉴,不要盲目从众,避免被欲望和贪婪冲昏头脑。亚瑟看过很多类型的书,但这本书是他的最爱。"当你读到这些的时候,你会发现'密西西比阴谋'在某种程度上有些像美联储,你也能了解到钱之所以有价值是因为人们相信它有价值。"

正如人们所说,历史总会不断重演。1999年,人们争先恐后抢购互联网公司的股票,甚至显得有些荒谬,但这种情况并不是第一次出现。20世纪60年代末70年代初,有一类股票被称为"漂亮50"(Nifty Fifty),指在纽交所交易的50只备受追捧的大盘股。对于这类股票人们只需要做一个决定,就是买入,因为它们的表现总是很好。然而,暴跌与暴涨总是如影随形,曾经属于"漂亮50"的股票,一只接一只遭遇崩盘,一味追涨而忘记控制风险的投资者面临灭顶之灾。在这些公司中,有的现在依旧规模庞大,如麦当劳、可口可乐、宝洁,也有一些风光不再,如伊士曼柯达。

"互联网泡沫也是如此。"亚瑟接着说,"互联网泡沫是Y2K

（又被称为千年虫、千禧危机等）的诅咒结果。2000年到来之前，大家以为到了千禧年，一切都会变得疯狂，甚至连电梯都会掉落。人们被告知要去买电脑，因为旧的电脑在2000年没办法用。于是接下来发生的事情你也知道，电脑和服务器销量非常高。许多人都认为，这将是未来的方向。"

从1995年到2000年，纳斯达克综合指数（Nasdaq Composite Index）由不到1 000点几乎是直线上涨到超过5 000点，并在2000年3月10日触及5 048点的顶峰，比一年前几乎翻倍。然而就在此时，包括戴尔、思科在内的科技股"领头羊"先后遭遇抛售，并引发了市场的恐慌性抛售。几周后，股市市值蒸发了10%。那些市值曾攀升到数亿美元的dot-com company（网络泡沫的公司），在短短几个月里就变得毫无价值。2001年年底，许多上市的互联网公司倒闭，数万亿投资资本蒸发。到了2002年10月9日，纳斯达克综合指数收报在1 114点，较两年前的峰值下跌了78%。

"当你经历这些历史循环后，你会发现人性并没有改变，只有故事在变化而已。"亚瑟对我说。

亚瑟一直坚持学习，他感到教育永远不会停止，他需要不停地探索。为了更好地服务客户，亚瑟认为自己应该随时随地知道问题的答案，而这依赖于他的经验。世事变迁，现在的环境可能和以前不一样，但人性并没有改变多少。甚至，不同时代的人对类似事件的反应都极其相似。只有通过广泛的阅读以及与人交流，才能不断从他人乃至自己身上学习，一步一步铸就最强的自己。

第二章 备受马云尊崇的"纽交所传奇交易员"

慷慨的交易大厅

亚瑟出身寒门,这不仅令他早早挑起了养家的重担,也让他很有同情心,在力所能及的时候,他便义不容辞地涉足慈善事业。

不过,亚瑟并没有把由他一手创办的慈善事业归功到自己头上,他认为如果没有同事们的通力协作,他一个人很难撑下来。"交易大厅一直都是一个非常喜欢馈赠的地方。我们在这里能获得很大一笔财富,其中有一部分原因是地理因素。因为如果我住在艾奥瓦州,那我可能就在一个包装厂工作,而不是在交易所的交易大厅里。所以我们从很多年前就开始创办交易所圣诞晚餐基金,最初只是大家聚在一起,地点在午餐俱乐部的吧台。"

"有一年感恩节,我们从电视上看到有一个四口之家得到一个前往赈济处吃感恩节晚餐的机会。但这个四口之家被分成两组,母亲和女儿坐在一个地方,父亲和儿子被分别分配到另外一个地方。我们看到这个场景心里很不是滋味。感恩节当天要去赈济处吃晚餐已经很糟糕了,为什么全家还不能坐在一起吃呢?于是我们进行了一次简短的交流,决定帮助这些困难家庭。"

亚瑟联系了世界之窗餐厅,要出价购买全套火鸡晚宴。之后,亚瑟又问餐厅服务员:"你们在圣诞节时还会做一样的套餐吗?"

世界之窗的服务员回答道:"我不知道。这要取决于你会订多少份套餐。"

"那至少需要订多少份,你们才会做呢?"亚瑟反问道。那时,一份晚餐的价格是75美元。

服务员自己也不知道,便估摸了一个数,说:"我不清楚。也许,100份?"

亚瑟返回纽交所,问大伙儿能否拿得出这么多钱。大家一致回复说:"当然能。"

亚瑟即刻告诉餐厅服务员:"我们订200份。"

服务员感到有些不可思议,问他:"你是谁?这200份是拿来做什么的?"

亚瑟说:"我们准备做一项慈善活动,让有困难的家庭能在家里全家人一起吃节日晚餐,而不是去赈济处吃。"

于是第一年,大家齐心协力,交易大厅一共对外赠出了800份晚餐,数千人享受了节日的快乐。此后,交易员们继续扩大慈善活动的参与范围,参与人数达到最高峰的时候,享用圣诞节慈善晚餐的人足够填满一个体育场,大概有88 000人。

这个由亚瑟发起的交易所圣诞晚餐基金于1982年成立,并在1987年获得时任美国总统里根的颁奖,那是亚瑟由衷感到自豪的一刻。不过后来,随着数字时代的来临,交易大厅的交易员逐渐变少,参与慈善活动的人也就少了。慈善活动规模不断缩小,2006年左右这个慈善活动不得不取消了。"我们过去曾经有1 366名成员,但现在只有220名了。没有足够的人,筹钱变得困难,规模庞大的慈善活动也就不复存在了。"亚瑟对此感到有些遗憾。

除了交易所圣诞晚餐基金,亚瑟还带头成立了纽交所坠落英雄基金(The Fallen Heroes Fund),帮助那些因公殉职的纽约警察和消防员的家庭渡过资金短缺的难关。2001年"9·11"事件发生后,这个基金为相关家庭提供了超过600万美元的善款。

第二章 备受马云尊崇的"纽交所传奇交易员"

坠落英雄基金的雏形,正是纽交所的一项慈善活动。如果一位警察或消防员因公牺牲,纽交所会筹集善款,把钱带给英烈的家人。不过,亚瑟找到了纽交所时任主席格拉索,对他说:"我觉得从某种角度来说,这样做不公平。"

格拉索吃了一惊,问他:"你这话是什么意思?"

亚瑟顿了一下,说:"如果股市处于牛市,每个人都做得不错,那么我可以轻松筹到5万美元,但如果是熊市,人们收益不好的话,我就只能筹资1万美元。"

于是亚瑟与格拉索达成一致,成立一个常务委员会,起名为坠落英雄基金,承诺在几天之内给失去丈夫的女士2万美元。亚瑟向我解释说:"现在警察和消防员有一些不错的福利,但他们的家人有时需要等上6个月甚至1年才能获得抚恤金,而当他们刚牺牲时,这时家里往往会急需用钱。所以我们的善款对他们的家人来说就很重要,我们要非常迅速地筹到钱。"

"9·11"事件发生以后,亚瑟获悉有348位消防员牺牲了,还有一些警察和港务局的工作人员。他不禁感到紧张:"我的天啊,我欠他们600多万美元!"当时坠落英雄基金一下子拿不出那么多钱,亚瑟他们便开始四处筹款。谢天谢地,最终善良热心的交易员们在两周之内凑齐了所需的600多万美元,随即付给了每一个英烈的家庭。"这就是交易大厅,它总是非常慷慨。"亚瑟第三次向我这样说了。

纽交所交易大厅的人始终心怀慈善,不论是有组织的慈善活动,还是自发的赠予活动,大家都愿意慷慨解囊。纽交所附近街道上曾有一个坑,一个正推着车兜售热狗的小贩不小心绊了一跤,撞翻了推车。车里的热狗接二连三滚了出来。此时站在交易所楼外抽烟的交易员们见状赶紧跑过去帮忙，小贩坐在地上哭了起来。交易员不解地问他："你是摔得很厉害吗？为什么哭呢？"

小贩说："今天是我第一天卖热狗。我刚来美国不久，租了这辆车，本指望能通过卖热狗赚些钱。"

"你租这辆车花了多少钱？"交易员问道。

小贩说："150 美元。"

"你希望赚多少钱？"交易员又问道。

小贩答："100 美元。"

"所以你需要 250 美元。"说罢，交易员们回到交易大厅，向亚瑟以及在场的人喊道，"嘿，伙计们，外面有个人需要帮助，大家能否每人拿出 20 美元？"很快，交易员们已经凑足 250 美元。他们出门将钱给了那个小贩，让他回家。

虽然数字化交易的出现令交易大厅的慈善活动规模锐减，但乐善好施的传统依旧延续到了今天。我时不时会在交易大厅里看到发起捐赠的公示。比如，天气冷了，大家可以把旧大衣放到捐赠箱里；要过圣诞节了，大家可以把自家玩具捐出来。交易大厅里还时不时会贴出一些图片，诸如被捐赠的家庭送来的感谢信等。

只不过，交易大厅的这些慈善活动很少为外界所知，交易员们也不屑将善举公之于众。实际上，大多数人并不了解交易员们的工作性质，因此每逢金融风暴或者股灾，大家总是一股脑儿地将愤怒的情绪指向纽交所，认为是交易员们的贪婪才导致金融市场血雨腥风，是他们的自私无情让股民们失去了所有财产。纽交所的交易员

第二章 备受马云尊崇的"纽交所传奇交易员"

交易大厅入口处的捐赠箱

们总是这样成为"背锅侠"。

交易大厅里逐渐消失的传统

纽交所曾有一个传统活动叫"帽子日"。每逢 13 号的星期五,交易员们都会戴着奇形怪状的帽子,以吓走女巫和妖精。亚瑟回忆道:"在我看来,这是大家放松并以此获得乐趣的一种方式。1987年股灾之后,我们过了一次'帽子日',当时有一名记者正好在这里，他以一种非常敌对的态度报道了这件事，让人听上去就好像我们并不关心投资者的资金，也不在乎是否需要对股灾负责任。结果那次成了我们最后一次'帽子日'。"

除了已经消失的"帽子日"，前文提到的"吼楼"，纽交所还保留着一些有趣又不为外界所知的传统活动。比如，每逢圣诞夜和每年的最后一个交易日，交易员们会聚在一起演唱歌曲"*Wait till the Sun Shines, Nellie*"。这种庆祝方式可以追溯到19世纪末，起初他们甚至还会举行整场的派对，雇乐队进入大厅，找乐手来弹奏钢琴，再从百老汇找来歌手。但后来1929年发生股灾，交易员们觉得此时在交易大厅举行派对，终归影响不太好，于是便一切从简，只是聚在一起唱唱歌。在黑暗中等待阳光，事情最终会比现在更好，演唱这首希望之歌的活动被保留了下来，成了纽交所的传统。每逢纽交所举行晚宴或者其他活动，大家也会聚到一起唱这首歌。

交易速度很重要，但公平更重要

2012年4月3日，星期二，瑞银财富管理（UBS Wealth Management）的美国公司为纪念旗下的经纪公司普惠公司（Paine Webber）上市40周年，在纽交所敲响了开市钟，后者于1972年4月3日登陆纽交所，在2000年成为瑞银集团的成员。作为瑞银集团交易大厅的操作主任，亚瑟站在敲钟台的正中央，郑重其事地敲响了当天的开市钟。

"您最欣赏哪一位纽交所CEO（首席执行官）？"我不禁十分好

第二章 备受马云尊崇的"纽交所传奇交易员"

奇,脑子里不自觉地冒出一句话:铁打的亚瑟,流水的CEO。

"约翰·范尔霖。当我刚进入纽交所交易大厅的时候他还是一名交易专员。我们迅速成了好朋友。唐纳德·斯通(Donald Stone)时任副主席,他也非常卓越。"

"为什么欣赏他们?"显然,"卓越"两个字并不能满足我。

亚瑟答道:"因为他们既关心交易大厅,又关心客户。从某些方面来讲,他们都是无私的,他们更多关注的是市场,而不是自己要执行怎样的操作。他们启发了我,因为我总是将纽交所看作一个人们可以获得公平交易的地方。当电子交易出现时,大家说这会让交易变得非常快,但我认为我们更应该关心的是公平,而不仅是速度,速度应该排在公平之后。我依旧相信我在这里学到的一件事,就是尽可能为客户做到最好,这是代理业务的一部分。让新客户成为回头客的唯一方式就是最大限度地令客户感到满意。换位思考,如果你作为客户,得到了一个价格,然后你发现这并不是最好的价格,那么你再也不会回来给我下另一个订单。所以我需要一直努力让客户满意。"

亚瑟认为纽交所是一个体现公平交易的地方,但现在不如过去那样公平了。"过去我们通过设置主管等途径来确保没人作弊。但随着股市'闪崩'、订单流付款等新事物的出现,现在不如从前那样公平了。"

亚瑟还有一个众所周知的习惯,是写股市评论。他每天早上5:15从新泽西的家中准时出发,到达位于曼哈顿的办公室后就开始写作。评论写好后,他的秘书通过电子邮件把文章发送出去,接着他再把纸质版的股评带到纽交所,放到交易大厅的入口处,这样交易员们可以随时取阅。亚瑟从 1984 年开始写股评至今，大约有 150 万至 200 万人阅读他的股评。亚瑟每天的股评分为以下几个部分：首先是"历史上的今天"，告诉你历史上的今天发生了什么；接着是对金融市场的评述；最后是猜谜或脑筋急转弯游戏，答案会在第二天的股评末尾公布。

最初让他产生写作想法的原因比较奇特："当我在普惠公司工作的时候，人们就开始询问我对于股市走势的看法，为了确保我没有信口开河，我把评论写了下来。这样我就永远无法抵赖。否则我完全可以说：'没有，我从没这样和你说过。'但我写下来了，你就可以拿着它说：'你就是这样写的。'再后来我加入了对每个交易日的介绍，把历史故事写进来，这样当交易员和他们的客户交流的时候，就能有一些谈资。比如：'你知道那个傻子今天写了什么吗？''200 年前曾经发生了这件事。'"

J. P. 摩根与蒂芙尼的故事

和亚瑟说好的一个小时采访时间就快结束了。我见亚瑟抬起左手臂看了看手表，赶紧瞄了一眼时间，对他说："我们还有 8 分钟，我还能再问一些问题吗？"他点头表示同意。

"您认为投资黄金的标准是什么？"我问。

"我给你讲一个有关价格发现（price discovery）的故事吧，这是我最喜欢的故事。"亚瑟很喜欢讲故事。

这是华尔街大亨 J. P. 摩根（J. P. Morgan）与珠宝商蒂芙尼（Tiffany）的故事。在那个年代，蒂芙尼知道摩根先生喜欢钻石领

第二章 备受马云尊崇的"纽交所传奇交易员"

带夹,于是蒂芙尼把一款钻石领带夹装在一个盒子里,并在里面放了一封信。他派人把这个盒子送到摩根的办公室。盒子里的信上写道:"亲爱的摩根先生,我知道你特别喜欢领带夹,这个盒子里装着一款极其漂亮又罕见的钻石领带夹,价值5 000美元。如果你希望拥有它,明天请派人带着5 000美元的支票到我的办公室。如果你不想要,那就把领带夹送回来。"

第二天,摩根派的人到了蒂芙尼的办公室,原先的盒子已经重新包装了,并附了另一封信,信上写着:"亲爱的蒂芙尼先生,你是对的,这是一个非常精美的领带夹,但我认为5 000美元的要价有些太高了。这里有一张4 000美元的支票,如果你愿意接受,那么就让我的人带着盒子离开。如果不愿意接受,那么就把支票还给他,并留下盒子。"蒂芙尼知道,就算是4 000美元,他也仍然能赚到钱。但蒂芙尼同时也是一位很懂行的珠宝商,于是他对摩根的手下说:"你可以把支票带回去给摩根先生,并告诉他我希望今后能跟他做生意,但这款领带夹价值5 000美元。"摩根派的人离开之后,蒂芙尼盯着盒子看了一会儿,打开盒子发现里面并不是领带夹,而是一张5 000美元的支票以及一张便签,上面写着:"只是在询价。"

通过和蒂芙尼开玩笑的过程,摩根知道了蒂芙尼是否会接受一个更低的价格。有时,你需要通过"哄骗",来发现经纪商是愿意接受你的出价,还是会坚持他的出价。你也能从中学到如何判断对方是否会接受你的出价。

"那么散户应该如何规划投资账户呢?"我接着问,希望能从这位华尔街传奇人物身上再多学些知识。

亚瑟答道:"散户投资者可以采用平均成本法(又叫"定期定

额投资法"），如果你将一笔资金投入股市，那就把这部分资金分成几部分，每个月投一点。比如你买了一只股票，定期投入等额的资金，如果股价下跌，你最终买了更多的股份，反之亦然。但随着时间的推移，你总会得到一个好的价格。这样操作虽然慢但是稳定。我认为散户也可以找一个顾问，他关心你的程度应比关心他们自己更多。不过平均成本法是我最喜欢的一种投资方式。"

一小时的采访时间到了。亚瑟一边起身，一边用询问的语气快速吐出一个单词："Okay?"（还可以吗？）还沉浸在他故事里的我连忙点点头，对他表示感谢。一分钟不到，他已经在 17 楼用餐区消失，朝着一楼交易大厅赶去。

第三章
被华尔街"耽误"的歌唱家

　　看着面前人高马大的他,我不禁想象 30 多年前他打电话求职的画面——不怕碰壁,坚持不懈地找交易员询问工作机会,无论对方语气多么不耐烦,他也不曾放弃,因为,那极有可能是他实现梦想的唯一途径。其实,美国教育中最重要的一课,就是"多问无妨"。

在风靡全球的美剧《欲望都市》（Sex and the City）中有这样一个场景：睡过头的女主角一路从家狂奔，赶到纽交所为上市的报社敲钟。穿着高跟鞋和丝绸连衣裙的她挤在密密麻麻的交易员当中，几乎被人群淹没，而此时此刻，满屋子一边咆哮一边挥汗如雨的交易员正聚精会神盯着股市大盘的走势。

在短短几秒的电视剧镜头里，交易员个个身材魁梧，如同运动员，而这也正是纽交所交易大厅的真实写照。可以说，如果你块头够大，从气势来讲你在交易时已经赢了一半，因为你必须要有足够的力量在密集的人群中开辟一条道路，争分夺秒地为你的客户抢订单。本·威利斯（Ben Willis）就是这样一名够高够壮的纽交所交易员。

身高1.88米的本体重约有108公斤，要不是架在鼻梁上的那副秀气的窄边眼镜，很难想象他可以一天到晚坐在交易台旁那张小小的独凳上，盯着电脑屏幕研究经济数据和股市走势。本并非一名容易打交道的交易员，他经常不回复邮件，我需要专门跑到交易大厅里去"逮"他，面对面和他预约采访的时间。

如果他没空，可能连看也不会看你一眼，只会从口中快速吐出一个词："忙"（busy）。

我接着问："那你什么时候有空？"

他仍盯着屏幕，说道："不知道。"

别无选择，我只能灰溜溜走掉，换个时间再去约他。几个回合下来，我心情低落，挫败感油然而生。但我又异常执着于这件吃力不讨好的事，因为在枯燥乏味的股市采访中，它总能给我很多意想不到的观点和有价值的内容。所以，我暗自将约他采访的过程形容成"自虐"，但又乐此不疲。

2012年本在交易大厅接受作者采访

为了写这本书而约他做专访，过程并不顺利。他每天下午1点才可能空闲下来，所以我每天都定点去询问他的时间，在经历了数次碰壁后，他终于坐到了我的面前。我们的采访分了两次进行，他耐心回答了我的每一个问题，和我分享了他的人生。

第三章 被华尔街"耽误"的歌唱家

往往是最后一把钥匙才能开锁

因为事先知道一些他的故事,当我们的访谈开始时,我忍不住向他大倒苦水:"和你约采访真是太难了,我几乎能体会你当年求职的艰辛。"

本自从第一次参观了交易专柜,便对华尔街一见钟情,他打定主意无论如何也要进入这个行业。在随后的两年中,他坚持在每个星期五下午1点给一名叫吉米·麦克吉尔维(Jimmy McGilvrey)的交易员打电话,询问他那里有没有工作机会。

"我是我的家族里唯一一名真正意义上在金融领域工作的人,这个情况在这一行非常罕见,因为许多在华尔街工作的人通常都是家族传承,特别是他们的父亲也从事这一行。在我给吉米打电话找工作的两年时间中,他每次的回答都是:'我这儿没你想要的。'有时他的语气很不好,但知道是我打的电话,他不管怎样都会接听。直到1982年8月,他突然告诉我可以去上班了。我花了两年的时间找到了这份工作。"拿到工作机会后,本即刻决定从大学辍学,雄心勃勃地来到了华尔街。

本自认为不是一名好学生,他甚至从幼儿园起就开始抵触上学。所以当得到华尔街的工作机会后,他在学校一刻都待不住了,念到大三时就直接放弃了学业,来到华尔街。而那时,当一名交易员也的确不需要文凭。1982年,意气风发的本进入了美国证券交易所(简称美交所)成为一名QT办事员,这是他在金融领域的第一份工作。QT,即有疑问的交易(Questionable Trades),他负责结算前一天没有成功的交易。

"那个年代的交易都是通过手动执行的,所以如果一些交易没有成功，我就要去和美林、E. F. 赫顿（E. F. Hutton）、培基证券公司（Prudential Bache）等机构的 QT 办事员沟通，查看交易没成功的原因，并进行结算。"本开始给我扫盲交易知识。那时，各家券商都在美交所的一个房间里，所以这些沟通都是面对面的。本接着说："在这一行，如果你是新手，那就需要先努力让别人愿意聘用你，以此获得工作经验。除非你的父亲或其他亲戚是某大公司的高层，名字刻在公司墙上的那种，否则你都需要从底层做起。"

其实，这句话在每个行业都通用，万事开头难，你必须得有那股冲劲儿、狠劲儿，才能坚持你的初心。

随后，本从 QT 办事员升级到接线员（Wire Clerk），并从一名叫博迪（Boddy）的交易员那里接到了他职业生涯的第一个订单。10 年后，博迪再次成为他的客户，这种奇妙的重逢令本至今都回味无穷："你知道那种感觉吗？简直太奇妙了！"

不到一年，本就换了一家公司，完成了职场第一跳。"我当时在为博迪·佩尔康（Bobby Pelcone）工作，他告诉我伊斯雷尔·英格兰德（Israel Englander）正在招人。并对我说如果进展不顺利，我可以继续回到他那儿工作，还可以给我更高的工资。"那时，大型券商加薪的方式都是如此，你需要先建立一个薪资水平，之后再通过升职或是做其他事情来逐步提高你的工资水平。对本而言，他无疑是幸运儿，因为博迪·佩尔康不仅在本初入职场时保护了他，还为他提供了一个双赢的选择。

昵称为"伊兹"（Izzy）的伊斯雷尔·英格兰德在华尔街是响当当的人物，他所执掌的千禧管理公司（Millennium Management, LLC.）是全球最大的对冲基金之一。当时，伊兹在纽约期货交易

第三章 被华尔街"耽误"的歌唱家

所(New York Futures Exchange,简称NYFE)新增了一笔业务,并将本招入麾下。从1983年到1985年,本一直在这位华尔街大佬手下做事,当接线员,负责打电话。

采访过程中,本的手机响了,他迅速接起电话,有趣的是,他并没有像人们约定俗成那样用"你好"作为开头语,而是用非常干练清脆的语气蹦出一个词:"交易"(Trading)。我暗自揣摩,估计这是他在职场初期所养成的习惯。本用他一贯的语速通完电话,继续和我说他当时的晋升经历:"后来因为业绩不错,我获得了去'大行情牌'(Big Board,纽交所的别称)工作的机会,并以'成员'(member)的身份进入了纽交所。这在当时非常罕见,因为通常进入纽交所的新人都需要从办事员等基层做起。"

本在短短几年时间内完成职场的"三连跳",以"成员"身份进入了华尔街"俱乐部"——纽交所。他在职场迅速晋升的原因也很简单:"我有动力,我想要往前走。我从不认为自己聪明,但我学东西很快。同时,时代背景也很重要,当时的美股正处于牛市,一切都欣欣向荣。"

除了动力与激情,要想在华尔街闯下一片天地,还需要给自己武装大量专业知识。在华尔街,体力、人脉只能为你提供一块敲门砖,帮你进入这个行业。之后,专业背景才是决定你能否继续前进的根本。没有那些让人眼花缭乱的从业执照,客户哪里敢把钱放由你来管理?

从"学渣"到"学霸"

本从不认为自己聪明,他甚至认为自己是家里众多兄弟姐妹中

亲历纽交所

最没有天赋的那一个。本来自一个非常重视教育的家庭。本的母亲一共生了10个孩子，除了本，其他孩子都拥有大学文凭。念高中时，他以第166名的排名毕业，那年只有199名毕业生。在他的兄弟姐妹中，他是唯一一个成绩没有列入前10%的孩子。可是当他踏入华尔街的一刹那，本的人生规则被改变了。不学习知识，迟早要被华尔街一脚踹出来。

"我需要学习'第七系列'（Series 7），这是我们必考的证券从业资格考试，是交易员与客户沟通时必备的执照。当时，博迪让我提早开始学习，于是我每天晚上都去上课。但我觉得自己在某种程度上患有学习障碍症，所以我每节课都录音、记笔记，并在回家的路上重新听一遍课程，最后也伴随着我的随身听入眠。最终，我一次性就通过了'第七系列'考试，这对我而言十分罕见。"

也许是通过"第七系列"考试给了他自信，自此，本的考证生涯就像"开挂"一样一发不可收拾。在整个职业生涯中，他考过许多"疯狂"的从业执照，只要他所就职的公司需要员工持有某种专业执照，他就去考。尽管他自认为不聪明，但他总能通过各种难度高且耗时长的考试。按他的话说，如果他当初以工作中的学习状态去读大学，甚至只是念中学，可能早就此一时彼一时了。

不过，他并不掩饰他患有"学习障碍症"，这种症状反而对他大有裨益："我认为在这一行，有'学习障碍症'的人反而如鱼得水。我能在工作中同时执行多项任务，而这得归功于我有非常短暂的注意力。在执行一笔交易时，你不仅需要具备相关的基础知识，还需要适应飞速变化的外在条件。那些不断发生着变化的事物，可以让我集中注意力。"

第三章　被华尔街"耽误"的歌唱家

为"保镖"当保镖

除了疯狂考证，本在进入职场初期时还疯狂地打工，原因很简单，他当时的起薪连一套西装都买不起。

"我第一份工作的薪水是一年 10 200 美元，远远不能承担我从新泽西家里到华尔街的通勤费和午餐费。我的第一套西装品牌是布克兄弟（Brooks Brothers），那套西装具体花了几百美元我不记得了，而我只记得我的第一份工资压根买不起这套西装。"本继续说，"所以，我会趁着周末有空去做兼职。我在夜总会当过保镖、门卫和酒保。我必须要用周末兼职赚的钱来支付我在华尔街工作的所有开销。"

"当保镖？酒保？"此刻我的眼睛睁得简直不能更大了。我从没想过，一个白天在华尔街西装革履，为客户执行百万订单的金融精英，可以在下班后换下西装，摇身一变成为酷酷的保镖。大学时期本就曾为网球名将克里斯·埃弗特（Chris Evert）当过保镖，也因偶然的机会给好莱坞明星凯文·科斯特纳（Kevin Costner）当过保镖。一说起当保镖的经历，本开始滔滔不绝。

"我受邀参加一场派对，结果那晚酒吧的安保人员没到，负责组织聚会的姐姐便临时让我和我弟当门卫，在门口核对邀请函。这时，凯文·科斯特纳到场了，因为他的名气太大，需要一名保镖随同，我便被选中了。凯文·科斯特纳曾在一部名为《保镖》（The Bodyguard）的电影里出演保镖的角色，所以我成了'保镖'的保镖。"讲到这里，一脸严肃的本笑了起来。有时，人生最有趣的回忆不就是这些看似不起眼的日常琐事吗？

身高 1.88 米的本曾是一名出色的运动员，他除了打橄榄球、摔跤外，还在高中时拿过铅球、铁饼的州冠军。在他看来，运动员与交易员非常相似，都是竞争性很强的职业。比如，铅球通过量化距离来评价胜负，而股票交易则通过股价来判断交易水平。的确如此，除了本以外的其他人也告诉过我，几十年前的交易大厅聚集了不少职业运动员，比如橄榄球运动员、曲棍球运动员等。因为在那个年代，如果没有强壮的体力，你根本无法穿过那重重人墙，为客户交易订单。有趣的是，运动员出身的交易员们直到现在也会选择拳击来健身，而不是其他运动。

所以，如果有人想通过在交易大厅闹事而获得媒体关注，那下场估计不会太好。在"9·11"事件发生之前，纽交所交易大厅允许公众进入参观，不过参观者只能待在位于交易大厅二楼的走廊上，俯视大厅。作为资本市场的核心代表，纽交所也是不少华尔街抗议者的头号目标。

"我记得有一次，一个华尔街抗议者从二楼的公众走廊上找到一条通往交易大厅的路，他一下就冲进了交易大厅并开始攻击交易员。这时一名普惠公司的交易员先逮住了他，我随后跳到他身上并用膝盖把他压在地上。当时他手里握着东西，我们都害怕是炸弹之类的危险物品，结果发现他拿的是臭气弹。"本的描述特别有画面感，看着面前这位又高又壮的本，我都替那个袭击者感到疼痛不堪。可能，那是他这辈子最刻骨铭心的教训了。

天赋异禀的歌手

如果说强壮的体魄为本的职业生涯添足了马力，那么一副天生

第三章　被华尔街"耽误"的歌唱家

的好嗓子则为他的生活增加了不少乐趣。不过，也正因如此，没当歌手成为本的一大遗憾。

"那时，我还有一个副业是歌手。有一次，一位来自全球顶级音乐学院——茱莉亚音乐学院（The Julliard School）的赞助人听到我唱歌，便提出愿意资助我去茱莉亚音乐学院上学。我填了申请表，但最终没有交上去。一方面，我当时接到了华尔街的录用通知，另一方面我也被申请表里的问题给吓住了。我不识乐谱，也不会演奏任何乐器，而所有问题都是与音乐知识有关的，比如，你会演奏多少种乐器？你会用多少种语言演唱？这把当时只有20岁的我给镇住了。"

本的内心很矛盾。"虽然我在歌剧院演唱过，但我不是行家，我不属于那个世界。"

相较于学习唱歌，攻读茱莉亚音乐学院的声乐或表演艺术专业，本最终选择了华尔街，放弃了在享誉全球的音乐学院上学的机会。直到现在，每当他看到诸如《美国达人》（America's Got Talent）、《美国之声》（The Voice）等电视真人秀，他仍克制不住地想象，如果那时选择去茱莉亚音乐学院上学，现在的他又在做什么？

不管怎样，本是一名极具天赋的歌手，这也是他最引以为豪的事情："我曾在纽约林肯中心的艾弗里·费雪厅（Avery Fisher Hall）表演过独唱，我打着白色领结，身穿燕尾服，在我身后还站着160名男歌手，全体观众安静地听我演唱。"虽然对本来说唱歌只是业余爱好，但我能感受到他发自内心的自豪。"当时，我在纽约历史最悠久的男声合唱团——大学欢乐合唱团（University Glee Club）表演独唱，而在所有人的记忆中，甚至是一位在合唱团待了75年的成员的印象中，我是第一个被允许表演独唱的新人。"时光

亲历纽交所

再倒退 6 个月，本也曾站在那 160 个人中间，看着帕瓦罗蒂（Pavarotti）唱歌。而现在，他站在帕瓦罗蒂当初站的位置上表演独唱，旁边放着一架钢琴。那感觉，非常棒。

本也在 NBA 赛场上唱过美国国歌。那时 NBA 新泽西篮网队（现在已更名为布鲁克林篮网队）的球场还位于新泽西的东卢瑟福（East Rutherford），球队公开选拔演唱美国国歌的歌手。经过试音考核以及一场表演之后，本成为 NBA 篮网队比赛的歌手之一。2002 年，他站到了篮球场正中心，在全美观众面前演唱美国国歌。

本在大学欢乐合唱团表演独唱

第三章　被华尔街"耽误"的歌唱家

在场观众全体起立，周围灯光慢慢变暗，聚光灯打到本的身上，庄严而肃穆。那是一场 NBA 的季后赛，由于比赛是在"9·11"事件之后，许多电视台都播放了唱国歌的环节，因此数百万观众看到了他的表演。

"那场比赛是篮网队对凯尔特人的季后赛。我唱完之后就接到了很多亲戚的电话，说在电视上看到我了。"

我特别好奇本是怎么成为 NBA 歌手的，他告诉我这都是他母亲的功劳："那时新泽西篮网队的球场离我家很近。有一次，NBA 在新泽西的三号公路上打广告，公开选拔演唱国歌的歌手。我母亲看到了这条广告，便鼓励我去试试。那次试音是在一个酒店进行的，我进去之后签了名便排队等候，在数位评委面前唱国歌。"

由于天生拥有一副好嗓子，本在许多场合都表演过唱歌，但在他所有的演唱经历中，最紧张的一次却并非在 NBA 赛场上。

"我这辈子最为紧张的一次演唱是在纽交所。我的一位朋友告诉时任纽交所主席格拉索：'本可以在一些纪念日或节日上表演唱歌，不用跑到外面找歌手。'就这样，格拉索给了我一次机会。2003 年的圣帕特里克节（St. Patrick's Day），我站到了纽交所敲钟台上演唱，那是我在纽交所演唱的首秀。后来，我在阵亡将士纪念日和'9·11'事件纪念日活动上也都演唱过。"

我也听过本的演唱，一次是在纽交所的内部聚会，他表演独唱，还有一次是在纽交所交易大厅，他在接受 CNBC 的采访时，为当天过生日的主持人凯莉·伊文思（Kelly Evans）唱了一首生日歌。那个场景很有趣，因为他正在和主持人分析股市行情，却冷不丁地唱起了生日歌，接着旁边的交易员都走到镜头前，一起祝主持

亲历纽交所

本在纽交所敲钟台上演唱
［梅尔·努德尔曼（Mel Nudelman）拍摄］

人生日快乐。直到主持人的同事从旁边捧来一场印着她照片的蛋糕，凯莉才明白原来这是一场早就计划好的"意外"。

不过，本的职场生涯并不如他的演唱之路那么幸运。虽然本凭借"成员"身份进入了纽交所，但工作一年后他便放弃了在纽交所的席位，之后，就发生了震惊全球的 1987 年股灾。

"我一直想当第三市场经纪人（Block Trader），在场外交易，因为能赚更多的钱。于是我在 1987 年 9 月放弃了纽交所'成员'资格，跳到了第一波士顿（First Boston）工作。"同年的 10 月 19 日，以美股为首的全球股市全线重挫，成为股市历史上最黑暗的一天之一，亦被称为"黑色星期一"。一心想做第三市场经纪人的本没有想到，尽管他在第一波士顿的身份是办事员，但由于他的薪酬是按照交易员的薪资水平支付的，遂被公司要求离职。

第三章　被华尔街"耽误"的歌唱家

本很平静:"这就是公司的运作方式,他们不在乎我去那里工作的原因,他们只是不再需要我了。"一心想到"楼上"(Upstairs)[①] 工作的本重新做回了办事员,接着又花了几年的时间,再次成为纽交所的"成员"。

"楼上",是华尔街术语,指不在交易大厅下订单,可以在任何地方交易。当时第一波士顿位于中城,在那个年代是很少见的,因为华尔街就是华尔街,每家大型券商都希望在曼哈顿下城有一张交易桌。不过现在不一样了,许多公司都搬到了曼哈顿中城。本补充道:"纽交所和'楼上'不同,它们具有两个不同的功能,也可以说是相互竞争的关系。纽交所的交易大厅曾是华尔街最有权势的地方。"

在过去,纽交所是华尔街最具影响力的地方,如果你是这个"俱乐部"的会员,意味着你从金融乃至政治的角度都拥有巨大的权力。但随着资本市场的逐步改革以及共同基金(Mutual Funds)的扩张,权力开始从个人投资者逐渐转移到共同基金。券商自然也希望与共同基金建立关系,于是"金钱和交易"就逐渐从交易大厅向"楼上"流动。

本继续举例说:"我曾在许多年前和麦哲伦基金(Magellan Fund)的时任基金经理彼得·林奇(Peter Lynch)交谈过,他是我的客户。如果彼得·林奇需要卖几百万股百事可乐公司的股票,他

[①] 大宗交易由于订单数量过大,从而难以用通常的交易方式进行,金额很大的买卖,通常是机构投资者所为,在美国也被称为"楼上市场"(Upstairs Market)。资料来源:http://www.szse.cn/main/files/2009/12/22/680033242215.pdf。

不会给交易大厅打电话下达卖出指令,哪怕他本可以这样操作。他会给普惠公司、高盛(Goldman Sachs)、贝尔斯登(Bear Steams,已于2008年因次贷危机被摩根大通收购)、美林等公司打电话,让这些公司为订单竞价。这些公司会冒着买几百万股的风险,努力给他最好的价格,而交易大厅则不会这么做。"

本曾经尝试了好几年,试图到"楼上"做交易,但因为他没有大学文凭,没有公司能雇用他,哪怕这些公司知道他的能力。

"那你后悔辍学吗?"我紧接着问。他点点头。本不是没考虑过重返学校念书,但因为他有工作、有孩子,回学校念书的计划始终无法实现。"我参与了纽交所的一个项目,是给老师们上课。我没有大学文凭,但我能给来自全球的经济学教授上课,我从中获得了很大的快感。"本笑了笑。

纽交所在1955年制定的《394条例》(Rule 394,于1977年被更名为《390条例》)中禁止其会员公司买卖交易所以外的股票,而共同基金等金融机构不会受到这样的限制。为了找到最好的报价,纽交所的交易量便逐渐向第三市场流动,如地区性交易所和柜台交易市场。基于在纽交所数十年的工作经验,本认为正是前高盛CEO、第74任美国财长亨利·保尔森(Henry Paulson)"搞垮"了纽交所:"也许格拉索现在会承认,当时将保尔森拉进纽交所董事会是一个巨大的错误。"

"纽交所之王"

格拉索在1995年至2003年任纽交所董事会主席兼CEO,2001

第三章 被华尔街"耽误"的歌唱家

年"9·11"事件发生后,在他的努力下,纽交所在短短4个交易日之后就重新开始交易,成为美国社会战胜恐怖主义的重要标志事件。然而,格拉索在2003年因高薪丑闻最终黯然退出舞台,成为纽交所史上最受争议的CEO之一。

与诸多华尔街精英不同,格拉索完全没有典型"华尔街精英"的样子,与其前任——威廉·唐纳森(William Donaldson)相比,他就是一个来自纽约皇后区的街头男孩。唐纳森出身常春藤,由投资银行起家,而格拉索既没有辉煌的学历,也没有豪华的家世,甚至连大学都没毕业。

尽管格拉索个头矮小、其貌不扬,但他却从纽交所的底层一路攀升到了权力的巅峰。

他是一位善于利用媒体的CEO。为了应对与纳斯达克交易所的竞争局面,他打破常规,将电视媒体带进了交易大厅,让纽交所这个在世人眼中神秘莫测的"俱乐部"展现在全球观众面前,从而在真正意义上建立起了纽交所的品牌形象。正因深知媒体曝光的重要性,在他任职期间,格拉索将每天例行公事的敲开市钟仪式变成电视的狂欢节目,逐步打响了纽交所在全球的知名度。为了让敲钟仪式精彩好看,格拉索邀请名人明星加入,甚至将动物也请进了交易大厅。在矿业公司盎格鲁黄金(AngloGold)的敲钟仪式上,一只活生生的非洲雄狮站到了敲钟台上,格拉索站在狮子右边,这看似疯狂的行为吸引了全世界的目光。

本表示:"将媒体引入纽交所交易大厅,等于在告诉全世界,我们的工作并没有什么可隐藏的。也许,我们的竞争对手会告诉大家,纽交所是一个黑暗的政治系统,但事实并非如此,你完全可以通过电视看到我们的工作情景。"

尽管包括本在内的多数交易员都对媒体持欢迎态度，但即便获得进入许可，可以进入交易大厅的媒体仍有一些"潜规则"需要遵守。如果交易员挡住了电视记者的镜头，媒体应耐心等待交易员离开，而不能要求他们挪步；摄像机的镜头永远不能对准交易员的电脑屏幕；不是所有交易员都可以采访，只有经纽交所培训过的交易员才能接受采访。

基于我的采访经验，我好奇地问本："当媒体最初进入交易大厅时，你们会不会排斥媒体，或者认为媒体妨碍了你们的正常工作？"

本快速摇摇头，说："不会！这些工作本就应该欢迎媒体曝光，我们没什么可隐藏的，反而希望全世界的人看到我们在做什么。如果你不这么想，那么问题很有可能出在你身上，而不是工作本身。而如果你不希望别人知道你在做什么，那可能也不是一个好迹象。这就好比你没法告诉你 7 岁大的女儿你在做什么工作，原因极有可能是你自己没做对事情。如果你不想让自己所做的事情出现在报纸头版或 CNBC 头条，那你就不应该做这事。"

但具有讽刺意味的是，格拉索因将媒体引入纽交所而一战成名，也因媒体曝光而一败涂地。随着以《华尔街日报》为首的媒体估测格拉索的薪酬水平，纽交所在 2003 年 8 月对外公布了格拉索的薪酬情况，文件显示，格拉索在 2003 年获得了 1.39 亿美元的退休薪酬，相当于纽交所过去 3 年的净利润总和。这一巨额薪酬震惊了金融圈，也惹怒了早就对华尔街看不顺眼的民众，最终，格拉索被迫辞职，离开了他工作 36 年的纽交所。

第三章　被华尔街"耽误"的歌唱家

本认为，前高盛 CEO 保尔森是格拉索这笔巨额薪酬的"泄密者"，他将格拉索的实际薪酬及其退休账户的存款泄露，而这一切都可能出于保尔森对纽交所的不满甚至敌对，因为高盛一直希望将其交易系统引进纽交所，和它们的技术对接，但此举遭到了格拉索的反对。

在本看来，作为高盛的竞争对手，纽交所影响了高盛的赢利能力和股票价值，这是保尔森讨厌纽交所的直接原因。"作为一个纽交所内部的观察者，我认为保尔森永远不应该进入纽交所董事会，甚至任何高盛的人都不应该进入董事会。但当时格拉索告诉我，要靠近你的朋友，但要和敌人更近。格拉索明知保尔森是竞争对手并且讨厌纽交所，但他还是让保尔森进入了董事会，这是一个巨大的错误。"

格拉索离开纽交所后，接替他职位的两名高管皆来自高盛，先是约翰·赛恩（John Thain），接着是邓肯·尼德奥尔（Duncan Niederauer）。而随着邓肯·尼德奥尔于 2014 年离开纽交所，同年离去的还有高盛在交易大厅的指定做市商业务。

从叱咤风云的"纽交所之王"到成为众矢之的的"贪婪高管"，格拉索的离去虽然让纽交所的竞争者们拍手叫好，但令许多交易大厅的交易员感到不舍。根据本的回忆，格拉索并没有举办欢送会，在他离开纽交所的倒数第二个晚上，格拉索召集了六名场内经纪人，和大家进行了一次秘密谈话，本是其中之一。

"格拉索给我们打电话，一共叫了六名经纪人到纽交所六楼会议室谈话。他知道他遇上了麻烦，而他想知道交易大厅对这件事怎么看。"

亲历纽交所

格拉索首先向大家解释了事态的发展，随后绕着桌子依次询问每一个人的看法。那是一个很大的会议桌，可以坐30个人左右。一开始本以为他会坐到桌子对面，结果格拉索走过来说："我想和本坐在一起。"于是格拉索坐到了本的左边。

本继续说："我比较老派，我总是称呼他为格拉索先生。当他问到我的观点时，我说道：'格拉索先生，我没什么好说的，我甚至不知道我为什么会在这里，因为这件事远超过了我的职位范围。'"

格拉索回应道："胡说，把你叫来是有原因的。你为桑盖德公司（SunGard）工作，我想听听你的观点。"

于是本对他说："我们遇到了麻烦，但我们的董事会成员中有强生（Johnson & Johnson）和埃克森（Exxon），它们有着史上最棒的商业故事，我们需要知道它们当时是怎么处理危机事件的。埃克森曾遭遇过其公司史上最糟糕的石油泄漏事件，强生公司曾因泰诺中毒事件陷入严重危机，所以我们应该把它们的公关或媒体顾问都叫过来，向他们做咨询。"

本讲完之后，格拉索对他说："谢谢，但我会处理这件事。"

格拉索在回应中用了"我"，而非"我们"。精确的用词暗示了事件的结局。本接着说："其实，当格拉索用了'我'，而不是'我们'时，我就知道我们没救了，我们完了。会议结束后，我朝电梯走去，还有一些不请自来的人聚集在那里，他们想知道发生了什么。"

本迈进电梯，对着那群人说："你们仔细听好了，我们完了，结束了。"

第三章 被华尔街"耽误"的歌唱家

电梯里的人们惊呆了,他们瞪大眼睛问本:"你是疯了吗?"

于是本又重复了一遍:"你们听到我说的话了吗?我们完了。格拉索对我的回答用的是'我',而非'我们',意味着他无法与这件事抗衡。"

"他如同拿破仑一般跌倒了,而这一切都是因为他邀请保尔森进入董事会。在我看来,保尔森是不怀好意的,他就是想把格拉索以及纽交所搞垮,最后他成功了。"本对这件事得出了他自己的结论。

后来,时任CNBC财经记者的查尔斯·加斯帕里诺(Charles Gasparino)将格拉索在纽交所的经历写成了一本名为《纽交所之王》(*King of The Club*)的书,并尝试从本口中打听他和格拉索那晚会面的情况,但被本丝毫不留情地拒绝了。我问本为什么不喜欢查尔斯,本回答说很厌恶他报道商业新闻的方式。

"有一晚我和一群朋友吃晚餐时,查尔斯出现了,他想找我了解那晚究竟发生了什么,但我并不想和他聊天。过了一会儿,他又来找我交谈,正在喝酒的我朝他迈近了一步,不客气地对他说:'你仔细听着,我不喜欢你,不喜欢有关你的一切,如果我在这张桌子旁说的任何一句话被你发表出来了,你不需要担心我会起诉你,但我会把你揪出来教训一顿。'这时查尔斯的朋友拽住了我的胳膊,我让他把手从我身上拿开,否则我连他一块儿教训。"

几年后,查尔斯·加斯帕里诺从CNBC跳槽到了福克斯新闻台(FOX News),并在电视上报道了一些有关纽交所的事情。过去经常接受福克斯新闻台采访的本便从那时开始抵制福克斯新闻台,他不再接受福克斯新闻台的任何采访邀约,也不再给他们发送自己的交易员笔记。"只要查尔斯·加斯帕里诺还在福克斯新闻台,我就不会和福克斯新闻台有任何接触。"

这也许是本能为格拉索做的最后一件事。

"因为我不喜欢早起，所以我起得早"

本就是这样一个爱憎分明的人，高大威猛的体魄以及不圆滑的性格让不少记者对他有所畏惧。要知道，他来自一个有 10 个孩子的家庭，我好奇本要怎样做，才能从兄弟姐妹中脱颖而出，获得父母的重视。他摇摇头："我不需要做什么。事实上，我是家里的第一个儿子，在我出生后的那个复活节，我的照片甚至被登到了当地报纸的头版上。"

本的家族在当地颇有名气，他的家族已经在新泽西生活了上百年。没有经历过叛逆的青春期不足以道人生，本也不例外："有一段时间，我父亲特别害怕我太叛逆，因为我在 1977 年时打了耳洞。不仅我的母亲没有耳洞，连我的六个姐姐都被禁止打耳洞，我是家里第一个打耳洞的。你可以试想一下，我当时打耳洞后回家的那个场景，我父亲整整三天都没和我说一句话。我那时的头发和你一样长。我就是我。"

由于生了 10 个孩子，本的母亲上过许多电视节目，包括众所周知的《奥普拉脱口秀》（*The Oprah Winfrey Show*）、《早安美国》（*Good Morning America*）、《今日秀》（*The Today Show*）、CBS 的《早间秀》（*The Early Show*）等，她还写过一本书，叫作《我们这样有趣吗？快乐家长的 16 个秘密》（*Are We Having Fun Yet? The 16 Secrets of Happy Parenting*），其作品也常被许多消费类杂志和主流报

第三章 被华尔街"耽误"的歌唱家

纸报道,包括《纽约时报》(*The New York Times*)、《华盛顿邮报》(*The Washington Post*)、《今日美国》(*USA Today*)、《芝加哥论坛报》(*Chicago Tribune*)。

我们的话题也从纽交所重新回到了本的身上。本自称为不喜欢早起的人,但他也表示,这正是他每天早起的原因。这种与众不同的思考方式让我觉得特别有意思。本说:"我早上4:45起床,赶5:52点的火车,在6:30左右到达交易大厅,开始一天的工作。我写交易笔记,了解市场,并尽量在收市钟敲响时(下午4点)就能回家。"

作为公司的合规专员(compliance officer),本每天都会查看一遍前一天的交易活动,并在提交给交易所及监管部门的各种文件上签字。与此同时,他也需要对市场走势有全面的了解,从宏观经济到市场基本面,再到公司个股。

"工作中,我是客户的受托代理人,基于买卖股票的数量获得佣金,我自己在股票上没有直接的经济利益。买方最不希望发生的情况就是买入时股价上涨,宁愿下跌,这样看起来不会是因为买方的行为影响了股价。反之亦然,卖方希望在卖出时股价上涨,而非下跌。不过现在客户都有各式各样的交易软件,可以在我执行(交易)命令时通过股价的走势图了解股票的走向。不过我在这行干了这么多年,客户仍来找我做交易的原因都是因为我做得好。我们需要达到70%的准确率,才达到'好'这个标准。我不会一直都是正确的,但客户了解我,也知道我在这一行做了这么久,我的每一步行动都是有理由的。"

作为交易员,每一天每一秒都是挑战。"对我而言,大多数很有趣的回忆都是发生在压力最大的情况下。我喜欢压力。"

"那又是什么原因让你继续留在纽交所呢?"我问本。

原以为他会和多数交易员一样谈到对交易大厅的恋恋不舍,没想到他简单明了地回了我一句:"如果有其他工作机会,告诉我,我会去的。"

这就是本,一位性格鲜明的交易员。在我看来,他的性格代表了纽交所的性格。我问他:"哪一场 IPO 令你印象最深刻?"我再一次得到了预料之外的回答:"没有,我并不关心。"

纽交所的交易员们可能是全世界最"清高"的群体之一。在纽交所的走廊以及 7 楼接待企业的大厅里,挂着很多名人来访的照片。但大多数交易员根本不在意有哪位电影明星或者政要来到纽交所,因为他们没有闲工夫。按本的话说,开市钟不等任何人,哪怕你是美国总统来敲开市钟,但 9 点半了你还没来,开市钟仍会准时响起。

第四章
华尔街的"爱因斯坦"

有人因为默默无闻而焦虑，有人因为出名而焦虑；有人因为行业格局"洗牌"而被社会抛弃，也有人因此而重塑自我。总之，这个世界永远不会按你想要的方式出牌，你也不会永远舒适地活着。你不折腾自己，别人就会来折腾你。

采访彼得·塔奇曼（Peter Tuchman）之前，他正在纽交所交易大厅和美国著名脱口秀艺人、喜剧演员路易·安德森（Louie Anderson）为 CNBC 的采访节目录制预告片。彼得站在具有历史象征意义的电话亭旁，配合路易·安德森演了一出精彩绝伦的华尔街交易"大片"。下午四点半的交易大厅，除了忙于直播的 CNBC 媒体人员及纽交所的清洁工之外，几乎看不到交易员的身影。空旷安静的大厅为这两位电视明星提供了绝佳的发挥环境，他们的表演一遍即过，没有 NG（No Good，未能达到最佳效果）。不得不说，这两位都极具表演天赋，不需现场导演过多的指导，就知道如何在镜头面前传达、表现。虽然路易·安德森在娱乐界相当有名气，但在他身旁的彼得也毫不逊色，作为各大财经媒体头版新闻照片的出镜常客，彼得有一个头衔，叫作"华尔街被拍照次数最多的人"。

华尔街的"表情包"

彼得，因为他的"地中海"发型和长相，常常被大家称呼为

"爱因斯坦"。记得三年前，我向他确认，他是不是传说中的"爱因斯坦"，他很坦率地点点头，并表示毫不介意这个称呼。如果到纽交所参观的访客因为他的造型而想和他合影，他也会很友善地配合，甚至做一些有趣的表情，引得大家惊喜连连。也正是这种特别的造型以及天生的镜头感，随着纽交所对媒体的逐步开放，彼得的形象迅速登上各大媒体。不论华尔街股市暴涨还是暴跌，编辑们总爱用他的照片作为配图。彼得说："我的照片可以是股市重挫 1 000 点的新闻配图，也可以是股市飙升 500 点的新闻配图。"换句今天流行的话，彼得就是华尔街的"表情包"。

工作时的彼得
（肖堃拍摄）

此刻的彼得，坐在我的对面，开始回忆他第一次登上媒体报道的场景。"金融危机期间，大概是 2007 年 4 月份，《每日新闻》（*Daily News*）拍了一张我的照片作为当日头版的配图。那天股市暴

第四章　华尔街的"爱因斯坦"

跌了463点,是疯狂抛售潮开始的第一天。那天我的工作压力非常大,全是客户给我的卖出指令。好不容易熬到了收市钟敲响,这一天终于可以结束了。我深吸了一口气又呼出,并把手放到了耳朵上,这个动作不经意间被摄影记者拍了下来,就这样上了头版。后来,他们又为我写了篇文章。从那时起,我就开始登上各大媒体。也正是在那段时间,更多的摄像师被允许进入纽交所大厅拍摄,而我的'爱因斯坦'造型又很受摄像师的青睐。其实我并不是特意摆出那些造型,我每天都忙于为客户进行交易,面部表情总会随着股市的波动而变化,很自然地就与大盘走势不谋而合。"从2007年开始,彼得独具一格的造型成了各大媒体的宠儿,之后,他的"爱因斯坦"人物形象就一发不可收拾。

"其实,我曾有过好几种不同的造型。青少年时期,我留过很长很长的头发,一直留到大学。直到我来到华尔街,才将头发剪短了一些。20世纪90年代,我一度把头发剃光了,那个造型看上去甚至有点儿吓人。接着,我开始当爸爸了,于是就把头发又稍微留长了一些,慢慢就变成了现在这样,我想着这也让我看上去更温柔、更有趣。再后来,当我的头发从金色变成灰色后,就有人开始叫我'爱因斯坦'了。"

如果上网搜索彼得的照片,你会看到上百张"疯狂"的表情包,神态各异,但全是他的招牌动作。彼得随时随地都充满活力,尽管个头不高,但"小宇宙"爆发的时候疯狂得很。虽说纽交所明文规定在交易大厅工作时不能穿牛仔裤,更别说运动鞋了,但我几乎从没见过彼得穿皮鞋。他总是穿着一双运动鞋,出现在全球各大媒体的镁光灯下,随时都拿着一个看起来像iPad(苹果公司推出的

亲历纽交所

少年时期的彼得

平板电脑系列）的交易设备，迅速穿梭于交易大厅。他，就是一个不愿意受约束、个性爆棚的人。

在我看来，彼得也是一个总充满正能量的人，他对人友善，表情丰富，丝毫没有"爱因斯坦"明星效应带来的距离感。他时时刻刻寻找快乐，并努力去维持那份快乐，而寻找快乐的旅途也馈赠了他丰富的人生阅历。大学毕业之后，他在纽约开过一家唱片店，到非洲工作过两年，直到他邂逅了纽交所，整颗心才安定下来。

交易大厅的"学霸"

与大家对华尔街精英人士的刻板印象不同，对纽交所、芝加哥商品交易所（Chicago Mercantile Exchange，简称CME）等交易大

第四章　华尔街的"爱因斯坦"

彼得在纽交所交易大厅

（肖堃拍摄）

厅，用"蓝领文化"来形容更加恰如其分。我认识的很多纽交所资深交易员甚至仅有高中文凭。因为在30年前，学历可能连成为交易员的敲门砖都算不上，真正起决定性因素的是这个人是否具备当一名交易员的性格。在这里，即使没有"漂亮"的学历背景，也可以通过自己的努力获得丰厚可观的报酬。

但是，人如其"名"，"爱因斯坦"是纽交所交易大厅里为数不多持有高学历文凭的交易员，或者说是"学霸"。"我就读的大学是位于麻省的马萨诸塞大学（University of Massachusetts，简称UMASS），最初的专业是农业学，那是我的第一个梦想。两年后当

亲历纽交所

我拿到这个专业的文凭时，我意识到这个专业挣不到钱。于是我又去攻读了国际商务和金融学专业，在毕业时拿到了双学位。之后，我还去巴鲁克学院（Baruch College）攻读了MBA。"

"不过，在我决定投身金融领域之前，我做了许多其他的事情。"彼得回忆说。1980年从马萨诸塞大学毕业后，他回到纽约，一边在巴鲁克学院攻读MBA，一边在曼哈顿的西村开了一家唱片店，专门销售爵士乐唱片，那是他的最爱之一！

彼得接着说："20世纪80年代的纽约真的是一座疯狂的城市，正如那时的我一样。可惜，我的唱片店经营得并不顺利，损失了一笔钱。火上浇油的是，我那时还在做大宗商品交易，又赔了一大笔钱。双重打击压得我喘不过气来。我家里人一致认为，也许我离开纽约一段时间比较好。那时，我有一位很好的挪威朋友在西非一家叫萨迦石油（Saga Petroleum）的公司工作，那家公司在西非的贝宁共和国（The Republic of Benin）做员工培训业务，同时开采石油。于是，我就去了贝宁，在那家公司负责电脑运行。1983年，电脑才刚刚问世，还没有手机。虽然我对石油行业一窍不通，但我稍微具备一些电脑方面的知识，所以公司为我专门设立了一个工作职位，负责操作电脑程序。我通过开发第一个电脑程序'Lotus 1 - 2 - 3'，为公司创建了一个记录石油生产数量和价格等数据的电子表格。那是一份很基础很简单的工作，但我特别享受那段时光，也相当喜欢非洲文化。1985年我回到纽约，在父母的帮助下，获得了一份在纽交所交易大厅的暑期工作，当电传打字员。那是交易大厅最底层的工作，也是我第一份真正意义上在金融领域的工作。"

1985年5月23日，彼得以暑期工的身份正式进入纽交所工作，

第四章 华尔街的"爱因斯坦"

和许多同行一样,他与纽交所"一见钟情"。他操着浓重的纽约口音简单明了地对我表达了那种爱:"我爱这里的嘈杂,我爱这里的人,我爱这里的尖叫声,我爱这里的能量,我爱这里的一切。"

"你父母怎么帮助你找到的实习工作?"我问他。

"我父亲是纽约的一名医生,他的一位病人是一家华尔街券商的头儿。当我决定投身金融领域后,他就帮我拿到了这个暑期实习的机会。如果你去'楼上'(upstairs)的投行工作,或是做收购兼并的工作,那么就需要通过培训来为工作打基础。但是,在纽交所交易大厅工作,从来没有所谓的前期培训。成百上千人在这里大喊大叫,而当现场出现混乱时,工作压力一下子变得很大。"

"爱因斯坦"就这样,猛地一下"撞"进了交易大厅,他没有被看起来混乱不堪、压力巨大的场景吓退,反而在里面找到了自我。

"刚进华尔街时,我才27岁,那时的我一直在苦苦寻找自己想做的事。我属于那种个性很强、很闹,又很会开心的人。而那时的交易大厅正好聚集了上千名和我一样极有个性的人。再加上所有交易都需要通过纸笔进行,场面喧嚣异常。不得不说,这和我的性格简直太吻合了。我找到了一个可以做自己的地方,而且还能赚钱,想想都令人激动!"

三个月后,彼得的暑期工作结束了,幸运的是,交易员们也很喜欢他,并且认为这里适合他,于是给他提供了另一份工作——电话接线员。"我负责30部电话,连接公司的交易专柜。通常在华尔街,从底层往顶层晋升,要花10~12年的时间,但我非常幸运,6个月后,职位排在我前面的那个人去了别的公司,所以我顶替了他的职位,4个月后,公司有人被裁员,有人跳槽,我又得到晋升机会。从最底层的职员到成为一名交易员，我只花了两年半的时间，十分幸运。对我来说，这是最好的工作。即便过了30年，这也仍然是最好的工作。"

进交易大厅7年后，彼得离开了他的第一家雇主，于1992年跳槽到另一家证券公司，负责可转换债券套利交易，一干又是7年。

彼得坚信，自己是幸运者。因为各种机缘巧合，他仅花了别人四分之一的时间，就从交易大厅最底层跳到了交易员的位置。不过，偶然背后存在着必然。他对工作的热爱与坚持，他的性格与交易大厅主流文化的高度匹配，都是帮助他快速晋升的实质因素。只是，人员变动的客观条件，给他增加了一些好运气。

我问他，他出生在一个富裕又有名望的医生家庭，拥有高等学历，但在初入纽交所时，却从一个打字员的底层工作起步，是否感到有落差？他摇头否认："交易大厅与'楼上'、证券公司等金融机构的不同之处就在于，学历并不能代表什么，每个人来的时候，都是先做底层工作，然后逐渐得到晋升。"

尽管他的学历比很多其他交易员都要高，但"学霸"彼得竟喜欢纽交所不看学历的这个特点。

传统与重塑——适者生存

以彼得早年在非洲工作的经历来看，他很早就接触并应用计算机，而当计算机开始大规模"入侵"人们的工作和生活时，他却是坚定的"反抗者"。

第四章　华尔街的"爱因斯坦"

除了工作必须要用电脑做交易，彼得至今都没有私人电脑，他在家也从不用电脑。带在身上的"高科技"产品，只有一部手机。"我不喜欢科技，我抵抗这些新事物。我喜欢面对面交流，喜欢人际互动。你要知道，直到现在我需要新客户时，我还是在大厅里寻找那些对传统交易方式感兴趣的人。"

彼得在新交易规则的洪流中，依旧坚持传统的一面。他用了一个在食堂排队买饭的例子，向我解释为什么他不喜欢高频交易。"当你知道我中午要吃汉堡，而食堂只剩一个汉堡时，你径直跑到我前面抢到了那个汉堡。你可能会因为吃到了汉堡而感到开心，但我会变得沮丧。这其中没有公平可言。换言之，如果有人因为电脑速度比我的快，当他看到我发出一个买入一百万股 IBM 股票的订单，他就抢到我前面去买，同时还让其他人也买。而当我开始买入的时候，他就在那里等着卖给我。那么，他挣到钱了吗？是的。但这不是因为他是天才，只是因为他的电脑速度更快罢了。这是未来的趋势吗？也许是。这是我所期待的吗？不是。我为之感到沮丧。我想要回到过去那种大声喊叫、使用纸笔的交易方式吗？当然。"

对于很多交易员来说，2006 年是放弃传统交易、接受电子化交易的分水岭，对彼得来说，那一年同样也是他职业生涯的新篇章。在此之前，他一直拒绝电子化交易，直到最后一刻。

在生物学中，"进化论之父"达尔文提出了适者生存法则，即在生物进化过程中，只有那些最适应周围环境的物种才能生存下来，其他的都被淘汰了。"优胜劣汰、适者生存"的法则无数次在人类发展史中被验证。一个领域的最强者如果不变通、不顺应时代洪流，那么终有一刻，会被时代淹没，只能忆往昔峥嵘岁月稠，而不能看今朝旖旎风光秀。通常，自我转型、适应新环境的过程都是痛苦的，尤其是对在某个传统领域成绩优异并愿意追求安稳的人群而言。因为他们容易在职场变迁中成为被动角色，当突然被新模式拉着走时，他们可能会承担从未想过的生存压力。

对沉浸于传统交易模式的彼得来说，虽然对计算机的"侵入"大为不满，但他依旧选择了不断重塑自我。"要说我在职业生涯中遇到的最大挑战，就是从纸质交易到电子化交易的过渡。我喜欢人际互动、喧闹、老派的交易方式。但你要我坐在这里，在'愚蠢的'屏幕上点击'愚蠢的'按钮，我讨厌这样。但是，我从来不想放弃这份工作，我不想离开交易大厅，再没有其他地方比这里更吸引我了，所以我必须想方设法留下来，我必须改变自己，重塑自己。"

计算机的出现给传统的场内交易员带来的变化是巨大的，甚至在某些方面是灾难性的。几十年前，交易大厅里有5 000人在疯狂地工作，一有风吹草动，敏锐的交易员们都可以从中嗅到。他们不仅是客户交易订单命令的执行者，也是客户的"眼睛"和"耳朵"。这也解释了为何过去纽交所的场内交易员都是投资者们首选的股票经纪人。

"大家蜂拥去买一只股票的刹那，你可以亲耳听到、亲眼看到，那场景如同海啸一般。而现在，人们只是坐在那里，点击机器上的小按钮，任何情况你都无法凭借感官去发现。所以这时，我需要重新去理解周遭的一切，重新思考应该如何把信息传达给客户。计算机对我的改变是巨大的，自从计算机出现之后，我无数次需要重塑

第四章 华尔街的"爱因斯坦"

自己,让我的客户满意。"彼得的语气也变得低沉起来,"我甚至经历过没有任何收入的光景,那几年我分文不挣,但仍坚持每天到纽交所上班,感受从早上9点半开市到下午4点闭市期间的疯狂,去享受交易大厅带给我的能量与刺激。这是我的工作动力。世上没有什么比做自己热爱的事更幸福的了,如果能从中赚钱,那是锦上添花。如果赚不到钱,也无所谓。"

有那么一瞬间,我几乎穿越了时空,被彼得带回30年前的纽交所,以及那个股票交易的黄金年代。对于交易员来说,生在一个恰当的年代,做符合那个时代发展的事情,并具有天赋,无疑是幸运的。但,当时代剧变,如何放下过去的辉煌,一切归零,重新出发,则更为重要。

"过去这里曾有近万人,但现在只剩不到500人。除非我们可以重塑自我,让自己对客户来说仍然有价值,否则客户也不再需要我们了,因为使用机器更便宜。有段时间我甚至失去了所有的客户,当还没找到新客户的时候,我不得不去发掘自己新的强项。坚守在纽交所,这是一种求生本能。事实上,离开这里的人,通常都不具备我所拥有的能力、关系或者重塑自我的决心。我不放弃,我清楚这里是我最想待的地方。只要这里运营一天,无论怎样我都要在这里工作。现在我的客户都是新客户。我重塑了自我,又重新获得成功,这是件好事。"

我问他:"可以说你是幸存者吗?"他简短而肯定地答道:"当然。"

重塑自我的过程是艰难的,在重塑过程中坚持本我则更难。但只有做到了这两点,才能成为这个诡谲多变的社会的适者,也就是活下来的人。

名人的烦恼

采访的话题又转回了"爱因斯坦"这个名人标签。我问彼得："你喜欢这个标签吗？"他很直白地答道："我接受这个标签。如果你问我是否喜欢报纸上都是我的照片？我当然喜欢。如果你问我是否喜欢成为人群中的焦点？我的回答也是如此。"

2014年，美国新闻网站Buzzfeed News对彼得进行了专访，并发表了一篇名为《在华尔街被拍照次数最多的人》（the Most Photographed Guy in the Wall Street）的文章，生动的介绍配上大量标志性的"爱因斯坦"照片，让彼得瞬间成为枯燥无趣的财经新闻中的亮点，收获了大量粉丝。

可是，作为在华尔街上镜次数最多的人，彼得也一度因外界的误解而烦恼不已。

在Buzzfeed News对彼得专访后没多久，2014年10月1日，美国著名财经网站市场观察网站的主编杰里米·奥尔山（Jeremy Olshan）写了一篇名为《这是纽交所交易大厅运营的最后一张照片》（This is the Last Photo We'll ever Run of the NYSE Trading Floor）的文章。杰里米选了一张交易员在满地纸屑的大厅里用手捂住额头、低头看掌上交易器的照片作为文章配图，图注称"再也没有纽交所先生了"。这位主编在文中指出，如今绝大多数交易都由电脑完成，依旧留在华尔街11号（纽交所的地址）的交易员很大程度上只是在"踢着虚拟足球赛"而已。文章称，目前在华尔街11号进行的

第四章　华尔街的"爱因斯坦"

真正交易几近为零，交易大厅如今只是在媒体镁光灯下的马戏团帐篷，只剩下摄像闪光灯、话语片段和举手击掌。杰里米在文中特别提到了接受 Buzzfeed News 专访的彼得，称他自己喜欢交易员在交易大厅工作的照片，因为交易员的表情能快速阐明在股市中由巨大喜悦到痛苦失望的市场情绪，而现在多数市场交易的真正发生地点是与华尔街一河之隔的新泽西州，所以杰里米在文末还抛出一个问题：今后应该如何用图片来表现市场交易是发生在"新泽西股票交易所"呢？重回政治漫画的方式？GIF 动态图？还是用新泽西州莫瓦镇（Mahwah）的照片？

这篇文章虽然写得很客观，但使用了很多带有讽刺色彩的语句。我还没来得及和彼得提到此文，他就主动和我聊到了这篇文章。"你知道，有人爱纽交所，也有人讨厌纽交所。写这篇文章的人是后者。这个作者把我们称为'小丑'，坐在那里对着摄像机摆造型，但这是子虚乌有的。我喜欢小丑，但我不喜欢被这样称呼。我对那篇文章感到出奇愤怒。我当即给他发送电子邮件，告诉他这样的文章具有误导性。没想到，他回复我说如果想对此做回应，他会给我当天的版面刊登我的观点。所以我就写了一篇回应的文章。我实在太生气了，直接用短信的方式把回应写在了手机上发送给他。我那时很情绪化，因为我觉得杰里米完全是在伪造事实。此后，杰里米发表了我的文章，随后收到大量的读者反馈。我也收到了许多人的反馈，从纽交所的高层到大厅的工作人员，大家都向我表示，我写出了他们想说的话，他们感谢我做了这件事。我也为此高兴，这是我第一次说出了内心想说的话。"

彼得在回击杰里米的文章中直言："在你来我家并扇我耳光之

前，你应该说实话。"他指出，杰里米的那篇文章对交易大厅的文化、客户、功能、效益和附加值的阐述离真相甚远。交易大厅的交易员们并非"历史遗物"，而是幸存者；并非"媒体工厂"，而是代理客户交易的经纪商。他们是在金融行业中拥有一线经验的市场专家。彼得通过数据列出7条事实反驳杰里米，强调发生在纽交所交易大厅里的一切都是真实的：真实的人、真实的金钱、真实的压力、真实的市场波动、真实的关系、真实的情绪，以及真实的人与人之间的合作。彼得还提到了发生在2010年5月的"闪电崩盘"，以及2012年脸书（Facebook）IPO当天的交易故障，明确指出这些事故的源头都不是纽交所。相反，纽交所的指定做市商成功实现了诸如推特（Twitter）、阿里巴巴等大型IPO的开盘上市。他说："我们不是问题，我们是问题的解决者。"

彼得这篇一气呵成的文章有力地回击了杰里米的观点，专业、客观，虽然行文间隐藏着愤怒情绪，但也不失冷静。在他看来，纽交所混杂着生活、交易、媒体、赢家、输家、情绪等诸多元素，经纪商、交易员、职员、客户等都带着不同的感情色彩。为了客户的利益，交易员们将自己的职业生涯用来冒险。在这里，有着彼得充分认同的人文因素。他认为："人的因素，让这个地方变得伟大，但因为科技，我们失去了一些东西。虽然有美好的回忆，但我不愿意回头看，因为我没法改变已成的现实。我能做的就是维持我所爱的那些东西，即这里的人、这里的能量、这里的关系。"

彼得自豪地说："很少有类似纽交所交易大厅这样的地方，人们的压力都很大，也因此特别紧密地团结在一起，因为在这种环境下，人性中最好的东西就显现出来了。这里一直都拥有不可思议的

第四章 华尔街的"爱因斯坦"

强大友谊,如同大家庭一般,你能把每个人都看得很清楚。即使我们身处与金钱有关的行业,但一代又一代,金钱从来没能逾越我们的友情。我们自掏腰包一起做慈善事业,支持纽约警察局、消防局。在'9·11'事件发生后,我们募捐了400万美元做新的制服、防弹背心。我们还设立专门的机构每年为残障儿童筹款。纽交所交易大厅是全世界最友善的地方之一。因为赚钱永远不能取代人情味儿的重要性。"

彼得也有着无奈:"金融行业内部分工不同,有交易大厅,有'楼上',也有投行。不同机构的人是不同的。我觉得交易大厅和大家普遍理解的金融行业是不一样的,这也是交易大厅能延续这么久的原因。"

股市专家与彩票迷

就像医生很可能不会去算命一样,在我看来,股市交易员怎么可能会对彩票感兴趣呢?但恰恰相反,彼得是个彩票迷,他喜欢数字,也喜欢玩数字游戏。他常常去街边报亭花几块钱买彩票!"我经常中奖,因为我很会选数字。我总是很幸运,哈哈!有时我的确很迷信,我有幸运领带、幸运袜子、幸运西服、幸运袖口。我并不依赖它们,但有这么一些小小的心理支持,也是好的。"

他接着说:"但是,买彩票并不意味着赌博,我连拉斯维加斯都没去过。我不玩扑克牌,也从没拥有过自己的股票。所以我不是赌徒。我买彩票从来不超过10美元。对我来说,这只是有趣。我喜欢小小的仪式感。"

我问他："你的幸运数字是什么？"

他竟没有保密的意思："是我的名牌号码——588。我在1988年拿到这个名牌，它是我的幸运数字之一。哦，6839也是我的幸运数字，这是一个旧电话号码，我觉听起来很棒，不是吗！"

辣酱与人生真谛

彼得与纽交所另一位交易员"大胡子"肯尼·波尔卡里的相同之处，除了鲜明的个性和上代移民背景之外，他俩都对烹饪美食情有独钟。而在烹饪方面，彼得似乎钻研得更深一些。在进入华尔街工作后，彼得创建了自己的辣酱品牌。说起与辣酱的渊源，竟与他的非洲经历有关。

"当我在非洲的时候，我开始接触辣的食物，从此喜欢上制作辣酱。1985年我回到美国进入了纽交所。有一天，我下厨制作了一款用来蘸薯条的辣酱。我把辣酱带到纽交所与大家分享，竟然每个人都很喜欢，并建议我应该制作瓶装辣酱来卖。在大家的鼓励下，我带着自制的辣酱参加了一个美食秀，在1 000种辣酱中被评选为最美味的辣酱。于是我就开始大量制作瓶装辣酱，在全球500个商店出售。我将辣酱命名为'约翰尼·威斯波恩秘制'（Johnny Wishbone secret source）。没想到市面上有一款沙拉酱和我的辣酱名称相似，那家公司就起诉我侵权，并要求我关闭公司。我因此损失了很多钱。尽管我不再拥有公司，但我仍然会制作辣酱。"

第四章　华尔街的"爱因斯坦"

1988—1993 年，彼得利用闲暇时间继续做辣酱生意，并更换了辣酱的名字，得以维持几年光景。现在，彼得已经退出食品生意，尽管他从中赚了一些钱，但对他而言，从兴趣爱好中赚钱并不占据重要的位置，他只是对食物怀着强烈的喜爱而已。

聊到这里，我明白了为什么彼得能一直那么快乐，因为他拥有很多兴趣爱好，并且懂得如何"使用"这些爱好而不受其累。因为爱好广泛，他精力充沛，充分利用每一天的时光。他每天早上 7 点起床，凌晨 2 点睡觉。白天在纽交所交易大厅疯狂工作，晚上还会为家人做一顿丰盛的晚餐。他在一天中可以做很多事情。

懂得快乐的他，也将快乐的秘诀传递给了他的孩子们。"我给我的两个孩子相同的建议，就是无论你是否愿意，都永远要有爱，永远要对人友善。我不会教导他们应该选择什么专业、从事什么领域的工作。我鼓励他们尽可能多地去尝试，找到自己喜欢做的事情。"彼得总是想方设法让他的孩子们拥有各种兴趣爱好，学乐器、唱歌、做陶器，哪怕是尝试炒股。他的儿子在 14 岁时迷恋上了股市，一开始彼得指导他做虚拟交易，后来直接给了他一些钱，让他真金白银地闯股市。再后来，他的儿子毕业后搬回纽约，到了纽交所做他的下属。有一次闭市后，我碰见他儿子和他挥手道别，我第一次在彼得脸上看到了"老父亲"般的表情，他有些温柔但更多是迫切地大声询问："你晚上回家吗？"直到他儿子点了点头，彼得的表情才放松下来。平时见惯了他叱咤风云，头一次见他露出寻常家长式的模样，我竟觉得有些好玩儿。

他的女儿则喜欢唱歌、做陶器，喜欢科学。说到热爱科学，彼得到现在都不知道他女儿是从何处继承了这个基因。"她喜欢研究脑部的神经科学,现在她又想做兽医。这些对我来说都没问题,只要孩子们开心。"

对于他说,要做一个快乐的人,最重要的是从事自己喜欢的事情。如同淘金一样,你需要不停地挖掘过滤,直到找到金子的那一刻。无论做什么,只要是你所爱的,那么你就会一切安好。

第五章
心怀警察梦的纽交所明星

他在交易大厅经历了不止一次裁员,当他被解雇时,他从不悲伤或自暴自弃,甚至不给自己任何喘息的时间,上一秒被裁员,下一秒就去找工作。当他无法立刻在华尔街找到下一份工作时,他就会在家附近找工作。他当过司机、搬运工,也为国民警卫队服务过。尽管薪水不高,但这能帮助他继续工作下去。所有的成功都来自行动,只有行动才能改变现状。

2016年12月19日，美联储时任主席珍妮特·耶伦（Janet Yellen）[①]在巴尔的摩大学（University of Baltimore）的毕业典礼上发表了有关"就业市场状态"的讲话，她告诉即将迈向工作岗位的毕业生们，他们正身处美国近10年来最强劲的就业市场之中。这是美国央行官员在2016年圣诞假期之前最后一次公开讲话，而耶伦对就业市场的积极点评成为美联储为大学毕业生准备的一份圣诞礼物。

耶伦发表讲话的当天，我恰好在纽交所门口碰见了多日不见的交易员斯蒂芬·吉尔福伊尔（Stephen Guilfoyle）。零下5摄氏度的纽约寒冬完美反衬出他那标志性的温暖笑容。他被我私下评为"纽交所最帅的交易员"，明明可以去闯好莱坞，却在纽交所演绎了另一种人生。斯蒂芬从1983年进入纽交所，并在4年后获得了一份全职工作。但随着电子化交易的普及，他在近几年屡次丢掉饭碗，

[①] 珍妮特·耶伦是美联储历史上首位女主席，她在美联储的任期为2014年2月3日至2018年2月3日，随后由杰罗米·鲍威尔（Jerome Powell）接任。

但很快他又重新投入职场奋斗。斯蒂芬有过很多身份：他是一名交易员，曾在瑞士信贷（Credit Suisse）的大宗交易及投行部门担任副总裁，曾在经纪公司 Meridian Equity Partners 担任经济学家，也曾在斯图尔特·弗兰克尔公司（Stuart Frankel & Co.）担任首席市场经济学家。此外，他还是一名美国海军陆战队的中士（Sarge）。军队的头衔也成为他的昵称，熟悉他的人都叫他"中士"。

"中士"斯蒂芬·吉尔福伊尔

斯蒂芬见到我后，问我最近过得怎么样，我开玩笑说："今天是星期一，你期待我给你什么样的答案呢？"寒暄过后，我俩一同进入纽交所安检区，这时他才告诉我，他已于六周前离开了纽交所，不再是交易大厅的交易员。现在他给自己打工，同时做自由撰稿人。

"我现在来纽交所，通常是为了接受电视台采访。"斯蒂芬一边拿着临时通行证给保安过目，一边说起他的近况。我有些惊讶，因

第五章 心怀警察梦的纽交所明星

为就在几个月之前,我还邀请他参与录制了我台最新推出的华尔街真人秀——《我是股神》节目,他在交易大厅里给参赛选手提出如何在投资竞赛中获胜的建议:最重要的是临危不乱,保持头脑冷静,仔细斟酌后再做决定,并留一些回旋余地。

有些讽刺的是,就在美联储女掌门向全世界宣布美国就业市场处于10年来最好状态的同时,我却在同一天得知两位在纽交所工作了大半辈子的交易员离职的消息。裁员,这个在华尔街数年都"阴魂不散"的词,到现在依旧看不到消失的迹象,特别是在交易大厅。

事实上,我常常在经过交易大厅时想起斯蒂芬昔日工作的情景,他总是自带阳光,在熙熙攘攘的大厅里特别显眼。他总是将袖子向上挽起一部分,左手托着一个电子设备,右手拿着电子笔,不时在设备屏幕上点击几下,就算接受采访,他也不曾把设备放下,看起来特别忙碌。媒体也喜欢他以这样的状态出镜,因为这样更能体现交易大厅的繁忙嘈杂。斯蒂芬为人开朗外向,每次我路过交易大厅时,他总会和我大声打招呼。

勤奋是赚钱的唯一诀窍

1983年,正在读大学并在海军服兵役的斯蒂芬进入纽交所,在一名交易员手下当暑期实习生,直到1987年他才正式从交易大厅获得一份全职工作。

"我之所以获得在纽交所的工作,是因为我在实习期间经常出现在大厅,我一直让自己'可以被看见',通过勤奋工作让别人对

亲历纽交所

作者（左）与斯蒂芬在交易大厅

我有印象。当我需要找一份正式的工作时，就会有公司愿意聘用我。"斯蒂芬说道。

斯蒂芬的第一份正式工作是在美国纽约梅隆银行（The Bank of New York Mellon Corporation）的全资附属公司珀欣（Pershing LLC）担任交易员助理，那时叫"办事员"。当时全是人工交易，所以他每天的工作基本就是接听客户的电话并记下订单。比如一个客户打电话要买500股IBM，他就记录下来然后递给交易员，交易员再挤进大厅的人群中去执行订单。

不过，斯蒂芬最初的职业梦想并非当一名交易员，而是成为一名警察，即便他的大学本科专业是经济学。"其实比起在纽交所工作，我更想当一名警察，这和我当初参军的原因一样，我喜欢服务他人，帮助他人，做一些我觉得很光荣的事情。当我已经开始为珀欣公司工作的时候，我通过了警察资格考试并被纽约市警察局录

第五章　心怀警察梦的纽交所明星

取。那时，警察局给我的薪水是一年 28 000 美元，而在华尔街的工资是 24 000 美元。紧接着，珀欣公司就把我的工资涨到了 28 000 美元，好让我继续留下来工作。我把这一切告诉了妻子，显然她不希望我成为一名警察。就这样，我一直留在了华尔街。"或许全天下的妻子都不希望自己的丈夫当英雄，她们只想丈夫平平安安。

大多数时候，斯蒂芬在交易大厅扮演的都是场内经纪人的角色，在电子化交易出现之前，他每天早上 7 点就会到达交易所，处理前一日没有成功的交易。比如头一天甲以每股 100 美元从乙处买了 1 万股 IBM，乙却认为是以每股 100.05 美元卖出的，但当时双方都没意识到其实交易并未成功执行。直到所有文书工作做完了，才发现这个问题。如果双方都坚信自己的价格没有记错，那么他们就需要去追根溯源，询问当时交易是否有目击者，调查是谁出了错。由于双方已经分别欠了各自客户相应的股票，如果没法弄清是谁的责任，那么甲乙将分摊损失。如果有人能证明甲是正确的，那么乙方需要承担所有损失。当然，这些都发生在口头交易的时代。

斯蒂芬住在纽约长岛，这意味着他每天单程通勤的时间就要两个小时。"我每天早上 4 点起床，查看亚洲股市的情况。接着在开往曼哈顿的火车上写交易员笔记，并且尽可能把内容写得幽默易懂。有时我还会在午盘写一些股市操作想法，最大程度把消息传递给大家。"或许是参过军的原因，斯蒂芬在写作这方面很有毅力，他将写作视为帮助他保持专注的方式。如果在火车上看体育、娱乐消息消磨时光，那太浪费时间了。

斯蒂芬几乎在每个交易日都会写一篇交易员笔记，内容相当丰富，包含股市、经济数据、政策消息，以及他所关注的个股信息，甚至会详尽分析个股的股价走势图。如果当天比较忙，他则会快速地将他认为的三大股指重要支撑位、技术点位等数据发给大家。通过这样的方式，斯蒂芬与他的客户、同行乃至媒体都保持着良好的沟通。

"早上8点我会参加公司的电话会议，与CEO和其他同事讨论当天的交易任务，记下要做的事情。8点半的时候我会绕着交易大厅走一圈，让大家知道我已经到场了。9点，我回到自己的交易亭处，检查所有的订单，为一天的交易做准备。"

除了处理未成功的交易，斯蒂芬的另一个职责是持续关注客户感兴趣的股票交易情况，关注与股票相关的新闻。如果客户关注的股票是IBM，那么他会去IBM的交易台观察买卖双方的情况，试图综合成一个画面告知客户。在一切都基于口头交易的年代，交易大厅的一举一动都会被人时刻关注，交易员们将人群动向的场景记录下来，传送给助理，再通过助理传达给客户。斯蒂芬说："这些基本就是在电子化交易到来之前我们的工作内容。"可想而知，那时在交易大厅工作的交易员，占据着无可比拟的地理优势。

在市场交易尚处于人工处理的日子里，交易大厅从来没有所谓的早午餐休息时间，就算要去卫生间，交易员也都是一路小跑着。斯蒂芬强调："你需要异常活跃而亢奋！你手中拿着客户的交易订单，穿梭在人群中，观察人潮的言行举止，判断每个人的手势和口型，伺机而动。直到交易股票的刹那，你才真正代表你的客户。"

但凡能在交易大厅"混口饭吃"的交易员，他们都足够聪明、敏捷和强硬。"带我入门的人是豪伊·埃克斯坦（Howie Eckstein），他是瑞信的交易员，也曾是越南裔的海军陆战队士兵。他极其聪

第五章　心怀警察梦的纽交所明星

明，但也非常强势，哪怕他并非永远正确。但是，他对事物的反应极快并且果断。我就是从他身上学到了如何在人群中做交易，如何在人潮中开辟一条道，如何表现自己，如何保护自己。"斯蒂芬说，"就算对方的性格非常强硬且易怒，也不要屈服。"

人工交易时代，男性拥有与生俱来的优势——体魄。交易员每天需要不停地穿梭在交易人群当中，需要胆识和力量，甚至显得无礼一些，这样才能把挡在面前的人推开，继续奔走。所以，如果你长得又高又壮，自然会有所帮助。纽交所一向都是男性的地盘，直到1967年12月28日才出现第一位获得交易席位的女性，她叫缪里尔·西伯特（Muriel Siebert），也被大家称为华尔街"第一夫人"。

斯蒂芬职业生涯最出彩的时光要数为瑞信工作的13年，他为客户及瑞信买卖股票，并获得很高的薪酬。当然，可观金钱回报的代价是泰山压顶般的压力。斯蒂芬解释说："比如，有一只基金想要买300万股的股票，我会在某个特定价位为它执行这笔交易。我先从市场上找寻卖家，剩下的部分我会通过自己来卖。那么我有可能因此放空了100万股或200万股的股票，我需要弥补这部分，力保没有任何损失。"

下午闭市后，斯蒂芬会争取在4点半前把自己"移出"交易大厅，并在回家的火车上继续研究市场。他基本上每时每刻都在研究如何赚钱。对他而言，赚钱唯一的诀窍，就是勤奋工作，否则永远不能实现目标。当然，他也承认，即使是专业交易员，也不可能对宏观经济一直保持研究的兴趣，但是，在军队训练中养成的纪律性让他强迫自己在不感兴趣的领域保持专注，这就好比他每晚强制自己跑步一样。

亲历纽交所

裁员不可怕，永远第一个站起来

对不少交易员来说，2006年是事业的转折点。2006年之前，在纽交所当交易员尚还意味着可期的晋升前景，大家跳槽大多是为了获得更好的工作机会。但在2006年之后，电子化交易逐渐"赶走"了人力，伴随着薪酬下滑的是工作机会的减少。这时，大家便有了为保住饭碗而战斗的感觉。

"在计算机逐渐替代人力的过程中，没人喜欢这种改变，因为这意味着失去工作。计算机进入交易的初期阶段，交易员们还可以因为程序出错获得一些短暂的优势，但随着电脑逐渐升级换代，人们也就没办法了。我们别无选择，只能改变。"斯蒂芬说。

2006年，斯蒂芬被瑞信裁员。当时交易大厅里有73个人为瑞信工作，而瑞信裁掉了72个。唯一留下的那名交易员在几年后也被辞退了。"那个被留下的人和我，却成为当时公司里仅有的两名在纽交所生存下来的人。"斯蒂芬回忆说，"集体裁员的当天，大家都非常绝望，晚上相约在一个酒吧喝酒。被裁员的72个人中，我是唯一一个第二天就回纽交所找工作的，并且找到了新工作。其实，我们当中也有一些人能得到那份工作，但他们没能像我一样第二天出现在纽交所。"

斯蒂芬有着从军队锻炼出来的韧劲，他更明白让自己"可以被看见"有多么重要。

事实上，斯蒂芬在交易大厅经历了不止一次裁员，当被解雇时，他从不悲伤或自暴自弃，甚至不给自己任何喘息的时间，上一秒被裁员，下一秒就去找工作。当他无法立刻在华尔街找到下一份

第五章　心怀警察梦的纽交所明星

工作时，他就会在家附近找工作。他当过司机、搬运工，也为国民警卫队服务过。尽管这些工作薪水不高，但这能帮助他继续工作下去。"我曾经在家得宝（Home Depot）① 当过叉车司机，因为要装卸货物，我每天早上3点就要到达工作岗位。总之，当我被解雇时，我从来没有沮丧、悲伤地待在家里。"

我对此感到相当惊诧，毕竟从交易员、经济学家的角色转换到卡车司机，其中的落差是巨大的。"没什么事会让你沮丧吗？"我问。

"我从不让沮丧打败我，因为我需要给孩子做榜样。如果我没了工作，整天待在家里，那我的孩子们看到这个情景会怎么想呢？我应该让他们看到我能坦然接受发生在自己身上的事，然后继续出去工作，这个很重要。我不允许自己脆弱。"

我至少见过两次，斯蒂芬被解雇后，很快又换上了印着不同公司的交易员马甲重返纽交所。只是，2016年他离开交易大厅后，再没以交易员的身份回来过。即便如此，我每天仍能定时收到他写的文章，以及他发的视频链接，里面是他与某家媒体一起做的股市节目。

斯蒂芬的强韧与他的从军经历息息相关。读高中时，他加入了美国海军陆战队，那年他只有17岁。对于头一次离家又稚气未脱的孩子们而言，刚一加入军营很多人会立刻想退出，因为没人经历甚至想象过如此严苛艰苦的环境。"大家都是第一次离开家，教官也会打人。虽然我很想打退堂鼓，但想到如果我就这样回到家，父

---

① 家得宝，美国家居建材用品零售商。

亲历纽交所

收市后，斯蒂芬与媒体做直播连线

亲会是什么反应。所以我不能回去，必须要坚强。我必须要面对自己做出的选择。"斯蒂芬说。

不少纽交所交易大厅的交易员都有从军经历或者运动员的背景，交易员的岗位和这两种职业有一些共性，比如团队协作能力、领导力和纪律性。不论你喜欢与否，但凡团队都有层级之分，这与在军队或运动队里一样。而在交易大厅，需要团队成员之间彼此照应，同时还要知道如何能打败对手。斯蒂芬认真地说："参军的经历会让人的思维变得更敏捷，因为总是被上级训斥。而在过去，具有参军或运动员背景的交易员，表现甚至比持有哈佛、耶鲁名校学历的交易员还要好，因为后者也许很聪明，但速度不够快，或者做决定不够果断，这时我们就能将他们打败。在那时，大家更倾向雇用一个可以迅速做决定的人，而不是一个想法很多、犹豫不决的人，因为那太慢了！"

第五章　心怀警察梦的纽交所明星

尽管不在纽交所工作了,但斯蒂芬仍然孜孜不倦地勤奋工作,并从事与华尔街相关的工作,无论他身在何处。"在美国的退休年龄是 65 岁左右,但没人在这个年龄退休。只有在身体不允许的情况下,人们才会退休。不在纽交所的那几年,我通过互联网券商做交易,挣的钱比我在家得宝、国民警卫队两份工资总和的两倍还要多。我庆幸自己具备这样的技能。"

斯蒂芬打算活到老,做到老,直到他没法继续工作为止。但是他对人生并没有所谓的长期规划,只有月度规划。他说:"如果明天我被解雇了,那我就把长岛的房子卖了,搬到比较暖和的地方,比如佛罗里达州或者南卡罗来纳州。我会继续从事股票交易。我确信,如果是那样,我并不会感到惶恐。"

第六章
从骁勇善战的海军陆战队成员到华尔街顶级交易员

初进华尔街的他被功利冷血的金钱世界打击得够呛,他甚至决定愤然弃之,重新为自己谋一份职业。但就在此时,他的脑海突然闪过一个念头,他是一名战士啊!这意味着他不是一个半途而废的人。"我开始对自己说,至少应该给自己足够的时间去尝试,直到我倾尽全力,如果仍然不成功再辞职。"

那是他一生中最大的转折点,他在接下来的6个月中将自己一切归零,无条件地接受同事们对他提出的任何要求。

真正感受到美国人的爱国情怀，是在纽交所的交易大厅。

2018年5月11日下午3点半，10多名交易员在交易大厅入口自动排成两列，形成一条欢迎通道。几分钟后，数十位身着军装的美国海岸警卫队现役军人及家属步入大厅，他们受邀参观交易大厅，还要敲当天的闭式钟。他们一走进大厅，交易大厅就开始响起掌声，掌声越来越热烈，几乎所有交易员都停止了手中的工作，一边鼓掌一边向这群参观者走去，向他们致以敬意。马克走在队尾，满脑子都在思考着敲钟流程的细节，他是这次活动的组织者。

作为纽交所交易大厅最优秀的交易员之一，无论市场怎样风云突变，马克·奥托（Mark Otto）都能保持赢利状态，特别是在股市波动性增加的时候，更能激发他的斗志，因为在大多数人陷入亏损时，他总获利丰厚，战绩显赫。马克也一度是纽交所交易"中概股"数量最多的交易员，作为指定做市商，他一共负责了23只中概股，囊括中国移动、易居、500彩票网等中国公司，被誉为交易大厅的中概股"头号专家"。他的交易牌照是88号，他知道这在中国是一个非常吉利的数字，几乎每个到交易大厅参观的中国客户都喜欢与他合影。"我是88号交易员。"马克对自己选的编号感到十分满意。

两年前,他不再全职从事股票交易,而是投身于针对退伍老兵的服务活动,帮助他们度过从部队回归正常生活的心理转型期,积极推动退伍军人与社会的沟通。① 他天生就是一名战士,即使在华尔街当了25年交易员,他最终还是选择回到了军队。"我喜欢现在这份工作。我现在已经48岁,居然花了46年的时间才发现这个。"马克大笑,以他特有的冷幽默开着玩笑。

自从为退伍军人服务,马克的工作日程表甚至比他当交易员时还要紧张。他总是一个会议接着一个活动,一场采访接着另一次出差。我和他的采访,约在纽交所7楼的午餐俱乐部,上午8点。在这之后,他还要赶去另一家媒体接受采访。刚坐下,我俩各自要了一杯咖啡,毕竟要在两个小时之内讲完他的大半辈子,需要保持清醒,赶走困意。

再给自己6个月, 倾尽全力去尝试

成功者的故事总是有相似之处,都有一段卧薪尝胆的艰苦岁月。马克在刚踏入交易大厅时,恨极了这份工作,他几乎做出了辞职的决定,准备逃离这个"人间地狱"。1993年,刚退伍的马克在朋友的介绍下来到纽交所,并顺利通过面试,得到了交易大厅最底

---

① 在服务退伍军人的同时,马克于2018年11月重返纽交所,目前在GTS Securities LLC公司担任指定做市商及全球市场评论员。

第六章 从骁勇善战的海军陆战队员到华尔街顶级交易员

层的职位——初级办事员（Junior Clerk）。但满怀斗志的他完全没有想到，工作日常竟然是为大家送午餐、买咖啡，更令人郁闷的是，他的付出丝毫得不到其他人的尊重。

"我与那些刚从大学毕业的新人一起进入交易大厅，他们的父母通常是公司的股东，具有资源优势，虽然都是新手，但我们被对待的方式截然不同。而我，来自军队，一个曾在战场上将生命置之度外，获得数枚军功章的退伍军人，却在这里为那些对我态度恶劣的人端茶送水。"初进华尔街的马克被功利冷血的金钱世界打击得够呛，他甚至决定愤然弃之，重新为自己谋一份职业。但就在此时，他的脑海突然闪过一个念头，他是一名战士啊！这意味着他不是一个半途而废的人。"我开始对自己说，至少应该给自己足够的时间去尝试，直到我倾尽全力，如果仍然不成功再辞职。"

那是马克一生中最大的转折点，他在接下来的 6 个月中将自己一切归零，无条件地接受同事们对他提出的任何要求。马克说："首先，我把所有任务都做到最好。他们让我为他们送午餐，那我就是他们这辈子遇到的最好的送餐员。其次，我主动去做任何我能做的活儿，自愿牺牲自己的时间和精力。"就这样，在交易大厅的第二个 6 个月，一切都发生了神奇的逆转。交易员们意识到，马克愿意做任何事来学习交易本领。他们这才真正把时间花到了马克身上，传授他所有的交易技巧。

马克庆幸当初年轻气盛的自己熬过了在交易大厅的第一年，他深藏内心的骄傲与自豪，忘记自己曾经的光荣身份，潜心学习在华尔街的生存技能。不过，没人会忘记他的特殊背景，因为他曾是骁勇善战的美国海军陆战队成员。

亲历纽交所

战场前线的海军陆战队员

马克出生于军人世家,他的祖父、父亲和两位伯父都曾上过战场。作为第五名参军入伍的家庭成员,马克延续了家族特有的"奇异之事":服役期间被派到前线打仗,并且参战时间超过一年。

1988年9月,高中刚毕业的马克加入了美国海军陆战队,这是美国战斗力和战备水平最高的部队之一。参军第一年,他在位于北卡罗来纳州的基地列尊营(Camp Lejeune)接受新兵培训,学习作战知识和技巧。除了体能训练,还包括心理素质。入伍一年后,马克被送上战场。

马克回想起30年前的那个场景,他所在的分队属于监视侦察和情报小组,负责搜集情报和监视敌人的一举一动。没想到,他所在的小组刚下飞机,与他们碰头的联络员却通知他们,小组将作为步枪兵,直接到一线参加战斗。

这是马克人生中第一次参战,那时他刚刚度过了19岁的生日。开战的那一刻,他匍匐在一个地势较高的山坡上,看见枪支都在同一时间开火,一架接着一架的飞机从头顶呼啸而过。

"你才19岁就被派往战场,而且还是最前线,你害怕吗?想过生死吗?"我问他。

马克摇了摇头:"当你全神贯注执行任务时,并没有时间去顾及周围的环境,军队在这方面对我们进行了训练。"

在战场上,不但要会使用所有不同类型的武器,更要成为一名优秀的枪手。"在海军陆战队,我们需要具备三种能力:射击、移动和沟通。射击,指的是你需要成为所有不同类型武器的专业射

第六章　从骁勇善战的海军陆战队员到华尔街顶级交易员

手。移动，指的是你的身体素质要达标，并会使用各类交通工具。沟通，指的是你要知道如何操作无线电，如何发送援助请求，如何智慧地与总部沟通。"马克总结说。

"你希望你儿子以后也参军吗？"我问他。马克的儿子已经 6 岁了，与马克一样，他喜欢超级英雄，马克从他儿子身上看到了自己的影子。马克摇头道："当然不。我了解我儿子，如果他有一天参军，可能会像我一样去前线打仗，而不是当一名分析员在后方工作。"

马克有充分的理由不愿意自己的孩子上战场，他经历了太多战争的残酷。当马克再次被派往战场时，他的任务不再是与敌方面对面战斗，而是监视敌方，安装高科技的运动传感器跟踪敌方。

"我是 1991 年 1 月初参战，我们组只有 5 个人，主要是与敌人进行心理战，声东击西，误导敌方部队。我们设计了假象，用塑料管道、迷彩网等道具把四周弄得特别像炮兵进驻，同时布置了假坦克，用带有扩音器的吉普车制造坦克的噪声。到了晚上，我们就开着吉普车到处跑，听起来就像是坦克在各处移动一样。我们还会往地上扔一些写着警示语的小册子。接着我们用真的轰炸机进行轰炸，随后表示会在 12 个小时后再回来，于是敌军就都投降了。"

马克说："虽然我们参战的士兵人数众多，但在茫茫沙漠上，我们小组周围没有任何人，完全处于孤立状态。我们唯一的安全措施就是通过无线电联系指挥中心，告诉他们我们需要帮助。我是无线电操作人员，负责随时随地将消息报告给指挥部。也就是说，我是小组里最关键的那个人，担负着最重要的联络任务。"

最危险的经历要数敌方的炮火近在咫尺的那一次经历。有一天早上，大炮朝着马克小组所处的位置攻击。"我们的生死存亡完全在一线之间，我必须立刻连上无线电，发送求救信号。好在，在我们呼救后的几分钟之内，就有数架战斗机和轰炸机飞过来营救我们。只是，当你身处那样的情况时，几分钟就如同几个小时一样！"马克绘声绘色地描述着30年前的那一幕。

炮火袭来的刹那更能体会无助的感受，尤其是马克的小组孤军奋战，周围没有任何人可以进行直接支援。那时，马克的小组白天在地上挖洞，晚上就睡在浅坑之中。

1991年，队友在战场给马克拍的照片，刚拍完照片，他们就陷入枪林弹雨

一次关乎生命的就业选择

1992年，马克从海军陆战队退伍，他面临的第一个问题就是回归社会，重新融入正常人的生活。虽然他还不知道自己想做什么，但已经获得了两份工作机会：一份是去尼日利亚做军事承包商，另

第六章　从骁勇善战的海军陆战队员到华尔街顶级交易员

一份便是到华尔街做交易员。

"我第一次参观纽交所时还在军队服役，那时我回家度假，一个儿时的伙伴邀请我参观交易大厅，并见了他的老板，一位参加过越战的海军陆战队老兵。当时我立刻被人山人海的交易大厅吸引了，5 000多人在里面尖叫、疾步，那真是如排山倒海一般。结束了4年从军生涯后，我22岁，尽管参加了两场战争，但我既没有大学学历，也没有任何社会技能。于是我重新联系上那位在交易大厅工作的海军陆战队老兵，他帮我从当时纽交所规模最大的做市商斯皮尔·利兹和凯洛格公司（Spear Leeds and Kellogg）争取到了面试机会。"马克回忆说。面试进行得很顺利，公司被马克的从军背景打动，鉴于他的情报技能，公司为他免去了招聘中的学历要求，破格录取，起薪一年35 000美元，外加一笔奖金。

马克的另一个职业选择是当军事承包商，去非洲的尼日利亚工作，合同为期一年，年薪80 000美元并且免税。不用多说，军事承包商的薪酬比交易员高得多，但马克仔细考虑后认为，如果华尔街不适合他，他总能够格去重新应聘做一名军事承包商，但如果此刻放弃华尔街的工作机会，说不定他失去的是未来赚百万美金的机会。

数月后，正在纽交所工作的他在交易大厅看到一条新闻，尼日利亚发生了一场大屠杀，地点恰好是军事承包商的工作所在处。"显然，我当时做了一个相当明智的职业选择。如果当时没选华尔街，我的人生将有多么大的不同。"此刻的马克收住了笑容，他要谈的是自己严重的心理问题，"军事承包商和军队是有共同之处的，都是在强压之下做有针对性的任务。我相信，如果我继续待在那样的环境中，我所面对的问题极有可能比现在更加复杂，并且很大的概率是我甚至不会活着。即便在我退伍后，我在战争中所经历的一切都导致我产生很多心理问题。因为军队只在战场上对我们进行心理素质训练，却没有在我们退伍后进行太多心理疏导。当我们重新融入社会时，我们总会遇到困难。"

"市场越是波动，我的战绩越好"

"当我1993年到交易所时，那里有超过5 000名交易员。一打开大厅的门，排山倒海的喊叫声就向我袭来，那时如果要和站在旁边的人交流，必须扯开嗓子吼。虽然纽交所的交易大厅与战场没有可比性，但同样是充满了高度紧张与风险的环境，因为交易金额都达到上百万美元。"

尽管交易大厅并非真正意义上的战场，但却有着类似战场一样的惊险刺激。马克说："有时人们在做交易的过程中，整个人一下子就僵住了，我们把这叫作'车灯前的小鹿'（a deer in headlights，形容茫然不知所措）。这样的表情我在华尔街见过，在战场上也见过。我想我能在交易大厅待25年，多亏了我的军人背景。我很可能是全公司最遵守纪律的人，所以无论市场发生什么，我都能赢利。"

马克总是采用保守型的交易方式，发挥稳定，从不让自己过度暴露在市场风险中，并能及时锁定利润。正因为如此，当市场波动性增加的时候，他总能赢利。此外，他也从来不会贪图一次性大赚一笔，而是一步步持续锁定利润。这样的操作手法确保他永远不会

第六章　从骁勇善战的海军陆战队员到华尔街顶级交易员

一下子就损失一大笔。

从华尔街"菜鸟"到交易高手，马克花了至少五年的时间。他从最底层的"初级办事员"一步步晋升，最终成为特许交易商。"基本而言，大厅的工作人员一共有四个级别，分别是初级办事员、候补办事员（Backup Clerk）、前线办事员（Frontline Clerk）以及特许交易商（Specialist，也被称为'专家'）。无论是否有显赫的家庭背景，大家都得从底层学起，因为在交易时需要有专业技巧又要懂得行业术语，哪怕只是理解那些术语都要费一番功夫。通过从底层一路学起，潜心钻研，才有可能掌握交易的所有要领。此外，还要与其他做市商及特许交易商建立信任关系。"马克继续解释说，"前线办事员指的就是那些真正可以近距离聆听特许交易商的话语，去执行交易订单的高级办事员，而一名成熟老练的前线办事员通常已做好成为特许交易商的准备，剩下的就是等待机会。"

2007年，马克所在的公司被一家量化交易金融公司——海纳国际集团（Susquehanna International Group）收购，在对所有交易员的技能做出分析和评估后，公司认为马克可以胜任从事套利交易的工作，那是公司业务的重中之重。此后，马克的工作进入了24小时不停歇的状态。"我24小时都在做交易。白天在纽交所交易股票，美股闭市后我带着手提电脑回家，开始交易澳大利亚、中国香港、日本和欧洲市场的股票。由于欧美股市的部分交易时间有所重叠，所以欧洲市场我只能交易到美国东部时间上午9点，然后就要准备交易美股了。那阵子我的工作完全到了昼夜不息的程度。"

当时，如果算上所有的市场资金，马克负责的投资组合市场价值高达7 500亿美元，其中包括市值超过3 000亿美元的中国移动

亲历纽交所

股票，以及市值同样超过 3 000 亿美元的必和必拓（BHP Billiton）股票。更惊险的是，在肩负全球交易任务的期间，马克经历了日元套利交易、2008 年金融危机、希腊债务危机乃至欧元区危机。血雨腥风的市场将他的交易技能磨炼得愈加娴熟，再加上过硬的心理素质，马克始终保持着不败战绩，成为交易大厅最顶尖的交易员之一。"总之，市场越是波动，我的成绩越好。"马克很自豪地说道。

马克在交易大厅

IPO 面试——指定做市商之间的较量

由于业绩出色，马克最终成为纽交所的指定做市商，这是纽交所市场模式中最重要的部分，意味着他有义务为所分配的证券维持公平有序的市场。在开盘、收盘和交易失衡或失稳期间，指定做市

第六章　从骁勇善战的海军陆战队员到华尔街顶级交易员

商以手动及电子方式促进价格发现过程。指定做市商对提供最好的价格、抑制波动性、增加流动性，并提高价值起着至关重要的作用。① 在纽交所，每只股票只有一家做市商，公司需要在上市前通过相关程序指定一家做市商。指定做市商的一大功能在于，即使在市场情况糟糕的时候，其也需要进入市场以提供交易流动性。②

马克进一步向我解释他的工作："我们的工作在纽交所是比较特别的。过去叫'特许交易商'，现在被称为指定做市商。我们不接触客户的交易指令，只运作自己公司的资金，也就是说，我们只为自己的公司买卖股票。股市中买方和卖方的指令会自动上传到电脑系统中，但我们不会碰它们，我们做的是填补空隙。如果市场上缺少买家，我们就会进行买入；如果缺少卖方，我们就会卖出。我们有技术性仓位，也可以持仓，并且持仓多久都可以。在20世纪90年代一切都还是人工交易的时候，我们可以代表客户做交易，并为他们做决定。而当电子化交易出现后，我们那部分的职责就被取消了，我们不再代理客户的指令。"

---

① 资料来源：https：//www.nyse.com/market-model。
② 纽交所采用指定做市商（Designated Market Maker，简称DMM）制度，即每只证券有且仅有一个做市商。指定做市商主要有两个功能：一是在买方和卖方都存在的时候负责撮合成交；二是在买方或卖方缺少对手盘时提供交易的流动性，以维持连续交易。公司在纽交所上市时，需要通过规定程序，选择一家机构作为自己的指定做市商。根据纽交所官网，目前其有5家指定做市商，分别是 Brendan E. Cryan & Co.、Citadel Securities LLC、GTS Securities, LLC、IMC Financial markets、Virtu Americas LLC。资料来源：http：//www.nyse.com/markets/nyse/membership。

由于上市公司需要事先选择一家指定做市商，所以做市商还会经历所谓的 IPO 面试环节。根据马克的回忆，他初入纽交所时，共有 38 家指定做市商，所以不会每家公司都去参与面试，参与面试的公司通常由纽交所来决定。不过现在只有屈指可数的几家做市商，所以基本上都可以参加面试。

马克表示："基于即将上市的公司类型，我们会挑选那个领域的专家，或与上市公司具有某种关联的交易员去参加面试。此外，通常还会再派一名高层与交易员一同前往。当这名交易员通过了这家公司的面试，那么他负责交易这只股票的时间至少要 6 个月，之后才能转给其他交易员去做。"

马克的一席话瞬间将我拉回了他曾是指定做市商的那段时光。在中国公司赴美上市最密集的年份，他总被派去参加面试。2014 年阿里巴巴上市前，他也参加过面试。我对他当时那兴奋溢于言表的神情记忆犹新。不过，阿里巴巴最后选择了巴克莱为其纽交所上市的指定做市商。

尽管没能赢得阿里巴巴的青睐，但整体来看，马克在面试过程中的战绩非常出众。除了交易记录的硬指标，他还拥有出色的口才和极高的情商。参与 IPO 面试无异于一场竞标活动，大家需要像销售员一样推销自己的公司。"首先，你要告诉他们你的公司有多棒，因为每个人都会这样做。"马克有些忍俊不禁，"不过更重要的是，你需要告诉他们你的公司有什么不同，你提供的哪些服务是其他对手办不到的。比如，也许你来自一家小型公司，但正因为你负责的股票数量相对少一些，你给予每只股票关注的程度就更高。这对上市公司而言颇具吸引力。"

第六章 从骁勇善战的海军陆战队员到华尔街顶级交易员

阿里巴巴上市当天,马克与马云握手。马云说:"你的号码是88,一定说明你要么很幸运,要么很棒。"马克答道:"我两者兼备!"

不难理解,这种面试与推销商品如出一辙,主攻方向都是讲述自己的公司以及自己有何与众不同的特点。马克认为,谈论个人的优势通常比讲述公司优势更能获得竞争筹码。"我从来不用PPT之类的方式辅助演讲,因为我觉得创造并建立人情关系更重要一些。"

马克面试的第一个诀窍是对上市公司做足功课,对它的业务了如指掌,并且去研究那些会参与面试的人。第二个诀窍是与出现在房间里的人建立人际关系,找到彼此的共同之处。比如,他参加一家保健板块公司的面试,那么他就会与公司分享他常年做癌症慈善活动的经历,以此建立共同话题。不过,马克认为自己真正吸引上市公司的优势在于他的海外市场的交易资质，他曾经夜以继日地交易全球各地的股票，还经历了近年来几乎所有的全球经济危机，这赋予了他足够的经验处理任何棘手的突发情况。

突然，马克说到一半停住了，他戏剧性地睁大眼睛，问我道："对了，你知道我从接受媒体培训中收获最大的一点是什么吗？"

"是什么？"我被这突然一问弄得有点诧异。

"哈哈，为我在面试中赢得更多的公司！"马克再次开怀大笑。媒体培训帮助他掌握了演讲技巧。而诸如记忆重要金融数据的本领，他早在参军打仗时就掌握了。

马克在就职骑士资本（Knight Capital）时，与同事一块儿接受了媒体培训。培训一周两次，为期10周，目的是让他们在代表公司接受媒体采访时，能应对自如，至少不会说错话。10周的培训课程下来，马克成为公司接受电视采访频率最高的人。三年的时间，他接受了超过600次的媒体访问，其中很多都是中国媒体。我与马克也正是通过这样的方式相识的。不过，从我的角度来说，相比采访其他交易员，与马克合作并不是一件轻松的事。他对数字有着超强的记忆能力，习惯在采访中拿数据说话，当一长串数据被他流利地背出来后，我整个人已经听晕了。

走出交易大厅，迈向全世界

2011年1月，马克加入当时全美最大的做市商之一——骑士资本，随后担任总监一职。2012年8月1日当天开盘不久，骑士资本因技术故障向纽交所发出了数量空前的错误指令，导致百家公司股

第六章 从骁勇善战的海军陆战队员到华尔街顶级交易员

价剧烈波动,在 45 分钟之内造成了高达 4.4 亿美元的巨额亏损,震动了全球资本市场。"那天你在现场吗?"我向马克问起了那天发生的事情。

"我正好出去了!"马克说,"那天我接到了助理的电话,他惊慌失措地告诉我说:'马克,我不知道发生了什么事。我只能告诉你,几分钟之内,你有一只中概股下跌了 40%,另一只涨了 60%!'"

听到这个消息,马克敏锐地问助理交易大厅有没有什么异样。助理告诉他,其他人的股票价格也乱套了,并发现混乱与骑士资本有关。听罢,马克随即通过电话指导助理:"现在,你按照我的方法做。你先和我挂断电话,再给位于新泽西的总部打过去,告诉他们你所看到的波动性,不要提及细节,同时告诉他们大厅其他公司的交易员也发现了剧烈波动,而且订单都是来自骑士资本。"

马克的助理是第一个给骑士资本总部打电话汇报情况的人。不过,最终由于损失巨大,骑士资本的股价在事件发生后出现暴跌,公司的经营步履维艰,同年 12 月,骑士资本决定接受高频交易巨头盖科(Getco)的出价,以约 14 亿美元的价格被后者收购。并购发生后,马克便离开了骑士资本,跳到了另一家做市商公司。

"我在交易大厅站了 25 年,在这期间,我一直在从事志愿者的工作,其中部分与军人有关。虽然我对在纽交所工作这个千载难逢的机会心怀感激,但随着我参加志愿活动的频率增加,我愈加意识到那才是我应该做的事情。从 2012 年到 2015 年,我是纽交所退伍军人委员会(NYSE Veterans Committee)的联席主席。我们在交易大厅为那些在海外战场服役的部队征集物品,并通过纽交所的邮寄部门把物品寄出国。我们还曾经开展一个针对退伍军人的暑期实习

亲历纽交所

项目，帮助他们与很多纽交所上市公司的高层交流，对他们进行就业辅导，提升他们再就业的成功率。"马克说道。

两年前，马克获得了一份为退伍军人服务的全职工作，他从此离开了股票交易岗位。不过，他仍经常来到交易大厅，为退伍军人举办一些活动，并带领退伍军人参观纽交所。

"为什么带退伍老兵参观交易大厅呢？"我问。

"好问题。可能你们会觉得这两者之间没有什么联系。但实际上，纽交所算得上是美国的标志之一，与许多游客一样，退伍军人也希望亲自来看看交易大厅，甚至能体验一下敲钟。而且，大部分人并没有意识到，纽交所对军人也具有一定的历史意义。美国第一任总统乔治·华盛顿就曾在位于纽交所对面的联邦国家纪念堂宣誓就任。而在交易大厅的历史上有超过 600 名交易员都曾参加过战争。此外，每当这些身穿制服的退伍军人进入交易大厅时，大家都会为他们欢呼鼓掌，这能让他们感受到自己并没有被社会遗忘，我觉得这一点尤其重要。"

比起过去两点一线的股票交易工作，马克更加享受现在的工作模式，而且他可以时刻与人进行交流。"现在我每天的工作都是不一样的内容。每周三，一些退伍军人会到新泽西我家附近的一个马场参与治疗活动。其他时候我会到曼哈顿举办或参加活动，也会召开一些社区类型的活动，比如登山、游行等。我会负责协调、策划每项活动。"

按马克自己的话讲，他从交易大厅走了出去，接触到了全世界。

第七章
攀登珠穆朗玛峰的冒险者、不婚主义者

他攀登过世界最高峰珠穆朗玛峰，也去过"非洲屋脊"乞力马扎罗山，还挑战过阿尔卑斯山脉的马特洪峰。2015 年，他花了 31 天的时间，扬帆从大溪地到波拉波拉岛，再去往夏威夷和洛杉矶。3 年后，他又跑到太平洋上漂流了 40 天，瘦了近 40 斤。他坚信人生短暂，要铆足劲儿去做想做的事情，去冒险，否则，当自己已经年过半百，有一天醒来却突然发现还有那么多想做而没做的事情，怎么办呢？

艾伦·瓦尔德斯（Alan Valdes）已经55岁了，他从没结过婚。按照他的说法，可以立业，但别成家，除非你天生不是一名冒险主义者。结婚意味着承诺，这种承诺建立的基础是对未来的可预见性。可是，做一名纽交所的"两美元经纪人"本身就充满了不确定性。这一行，财富可以在分秒之间从无到有，再从有到无，没法给予一个家庭应有的安稳。不过，虽然艾伦是不婚主义者，却并不妨碍他谈恋爱。艾伦的现女友是雅虎的播音员，一位来自格鲁吉亚共和国的难民。他一个前女友的儿子还曾与他共事。

我不曾见过艾伦年轻时的样子，但奇怪的是，每次看到他，我总能自动想象出一幅他穿着白色西装、手持玫瑰花的画面，这极有可能是我对这位西班牙后裔的"刻板印象"。

艾伦攀登过世界最高峰珠穆朗玛峰，也去过"非洲屋脊"乞力马扎罗山，还挑战过阿尔卑斯山脉的马特洪峰。2015年，他花了31天的时间，扬帆从大溪地到波拉波拉岛，再去往夏威夷和洛杉矶。3年后，他又跑到太平洋上漂流了40天，瘦了近40斤。"我想体验更丰富的生活，这是我的生活方式。"艾伦坚信人生短暂，要铆足了劲儿去做想做的事情，去冒险，否则，当自己已经年过半百，有一天醒来却突然发现还有那么多想做而没做的事情，怎么办呢？

艾伦（右）登顶非洲乞力马扎罗山

他太明白自己内心那份不安又停不下来的躁动，干脆就依着性子活得自由自在。如果让他去和年轻人交流，他甚至会劝大家千万别太早结婚。因为世界还有那么多值得探索的新事物。"对于年轻人来说，很多时候你都不知道前面有什么，你得去试一试，亲自做一些事，才知道自己喜欢什么。"艾伦如是说。好吧，我承认，我竟然有些羡慕他。

这就是艾伦，集冒险精神和浪漫主义于一身的"老顽童"。

艾伦是拥有超过 35 年从业经验的纽交所资深交易员，也是华尔街资本合作伙伴公司（Wall Street Capital Partners）的合伙人，还

第七章 攀登珠穆朗玛峰的冒险者、不婚主义者

是一家亚洲资本公司北美洲地区负责投资开发的高级合伙人。与他的众多头衔形成强烈反差的是，艾伦在交易大厅并没有专属的座位，他的"办公"地点主要是纽交所地下一层的餐厅以及交易大厅的过道。对艾伦而言，没有固定办公地点意味着物理空间上的无限自由。他很习惯这种工作状态，但也就苦了媒体，想和他约采访却经常找不到人，甚至都不知道去哪里找他，颇有打游击战的感觉。我也从没见过艾伦穿深蓝色的交易员外套，他总是身着笔挺的西装出现在交易大厅，和其他场内交易员的风格不太统一，但又出奇地协调。

艾伦在央视纪录片《华尔街》中的镜头，
他笑称那时他还有头发

去交易大厅当一个"疯子"

艾伦是土生土长的纽约人，他在曼哈顿西 10 街长大，并就读于美国明星高中史岱文森高中（Stuyvesant High School）。那时学校有一个项目，如果学生在外参加工作，不仅可以提前下课，而且工

亲历纽交所

作经历能作为结业的学分。根本不需要片刻犹豫，艾伦当然愿意找一份工作，提前下课！学校的学习指导员叫乔·格拉索（Joe Grasso），他问艾伦要不要去纽交所试试。艾伦对证券交易一无所知，他那时的最高目标还是当一名老师，不过，他听从了指导员的建议，来到了平时他总和伙伴一起打棒球的地方——华尔街。没想到，中学指导员当时的建议改变了艾伦的一生。直到今天，他还将这位指导员视为人生导师。

虽然纽交所在华尔街乃至整个金融市场都占据重要地位，但实际上一些基本的非技术性工作，高中生就能胜任。据艾伦介绍，当时的纽交所有些像社区团体，它想给孩子们一份有报酬的工作，以免孩子们调皮捣蛋到处惹是生非。那时也没有类似现在的企业管理体系，纽交所一招就是上千人，并且偏爱找年轻人来做那些没有技术性的工作。在计算机颠覆整个交易体系之前，华尔街需要大量人力来完成这些基本工作。对于年轻人来说，这也是接触社会的好机会。自然，当中的很多人都不曾想过，他们在纽交所一待就是近半辈子，共同见证了华尔街的起起伏伏。他们彼此的友情从中学就开始了，与其说是竞争对手或同事，不如说是一个大家庭。

和许多纽交所的交易员一样，艾伦现在还清楚地记得第一次走进交易大厅的场景，那时交易大厅的主厅还没有夹层建筑，仰头望去，直通楼顶，看上去特别宏大，令人震撼。这对于不喜欢狭小办公隔间的艾伦来说，简直是天堂般的自在了。

根据资料记载，纽交所于1903年4月22日正式对外开放，造价四百万美元，其交易大厅面积约1 400平方米，天花板离地面接近22米。而在大楼外面的三角楣饰上，雕刻着由著名雕塑家约

第七章 攀登珠穆朗玛峰的冒险者、不婚主义者

翰·昆西·亚当斯·沃德（John Quincy Adams Ward）创作的大理石雕塑，名为"诚实保护人类的工作"（Integrity Protecting the Works of Man），雕塑下面是一组巨大的科林斯式石柱，令人望而生敬。

艾伦来到交易大厅的年代，大概有八九千人挤在大厅里，大家在有限的空间里奔跑尖叫，就像疯子一样。没多久，艾伦迅速融入了这种独特的工作方式，很快成为"疯子"中的一员，乐此不疲。

高中生艾伦就这样，以一名"Squad"的身份踏进了雄伟开阔的厅堂，加入了"疯子们"的行列。"Squad"，也就是"Runner"，中文直译就是"跑腿的"，很形象。所有的 Squad 由主管负责管理，他们需要了解公司交易专柜所在的位置，并且还要接受测试。一个面积有限的大厅容纳了上千人，我们可以想象一个看似混乱实际却井然有序的场面，每个 Squad 都在奔去下一个目的地，去不同的交易专柜取文件报告。所有东西都标上了号码，Squad 需要清楚地知道自己要奔向何处。除了"Squad"，还有一种基础职业叫作"通讯员"（Reporter），他们会把每笔交易都记录下来。

"我们跑腿的距离平均每天相当于 8 公里，总之就是不停地走，不停地走。"艾伦没有理会我惊讶的眼神，这在他看来是特别正常的一件事，"那时还只有两个房间，一个是'主厅'，一个是'车房'（the garage）。"那时交易大厅并不大，更没有呼叫器之类的设备，每个柜台有布告栏，当交易员看到勤杂工的号码，就会大声喊："去车房拿一份某公司的报告。"

年轻的艾伦就这样高效且无间歇地穿梭于交易专柜之间，他十分享受这种异常独特的工作氛围。除了工作环境非比寻常，他也从

亲历纽交所

工作中感受到了自己的价值,尽管他只处在交易大厅"食物链"的最底层。"那时的一切都基于纸和笔,每件事都是通过说话完成的。"艾伦进一步阐释了现在几乎消失殆尽的股市交易方式,"如果你有10万股IBM的股票,我要和你做交易的话,就要把这些数字记下来。"换句话说,一笔价值上百万美元的交易,可能唯一的凭证就是那张纸了。现在想想真不可思议,每笔交易都是通过口头瞬间完成的。有些时候,人们需要进行QT,清算之前没有成功或有问题的交易,不过这些情况发生的概率并不高。

与此同时,虽然人头攒动的交易大厅看上去杂乱无章,并充斥着吆喝尖叫,但那只是完成交易的必要过程。"你认识每一个人,你需要靠守信的口碑做事情。如果有人说,他们要买1 000股的IBM股票,他们就一定会买1 000股。而现在,你压根不知道你在和谁做交易,这已经是一个与过去截然不同的世界了,交易全都电子化、网络化了。而那时的纽交所,是个独特的工作环境,没有冷血,没有欺诈,一切都取决于你是否值得他人信任。当年真是令人难以置信。"

纽交所曾有5个交易房间,但在2006年和2007年,纽交相继关闭了其中的3个。随着大厅里工作人员减少,纽交所把大家集合到一起办公,这样总比人们分散到大厅各个角落显得更忙碌一些。而艾伦他们刚进入纽交所的时候,也就只有两个交易房间,所以,当纽交所陆续关闭交易房间时,大家的反应并不强烈。其中一个房间是"主厅",也就是现在媒体做节目所在的大厅,是交易大厅最核心的空间。交易台和交易亭都在主厅里,敲钟台也在这里。

"我过去总在主厅工作,很不喜欢去另一侧的房间。"

第七章　攀登珠穆朗玛峰的冒险者、不婚主义者

"为什么？"我有些不解。

艾伦解释说："因为我已经习惯了这个大厅的声音，我能通过场内的声音判断发生了什么事情。当有事情发生的时候，我总能听到喧闹声开始汇聚。但'蓝厅'（blue room，交易所曾经的另一个交易房间）是隔音的，没办法听到这些声音。当然，还有一个原因就是其他房间没有如此嘈杂的环境，不能让人产生亢奋感。"艾伦几乎整个职业生涯都是在主厅里度过的。

我没机会见识那样的交易大厅：近万名怀揣华尔街梦想的交易员把一个和足球场差不多大小的大厅挤得水泄不通。地上铺满了一层又一层的复写纸。交易大厅甚至出现了所谓的"4分钟规则"，即一份订单从生成到交易成功大概耗时4分钟。[①] 我不禁想起几年前，从北京来了一个摄制组，想拍摄一些交易大厅的工作场景，当扛着摄像机的三位同行走进交易大厅时完全愣住了，眼前并不是想象的那种满地纸屑、人头攒动的疯狂景象，地上干净得只有一些零食口袋和几张纸。

"文件危机"——纽交所被迫关门事件

30年前的纽交所，就像是为艾伦量身设计的。除了疯狂又自由的工作环境，还有相当人性化的作息安排：上午10点开市，下午3点半就下班，每周三还休息。"这是多棒的一份工作啊！简直不能

[①] 资料来源：*Information Systems for Global Financial Markets*：*Emerging Development and Effects*。

更完美了！"艾伦满足得不得了。

现在美股交易时间是每周一到周五，美国东部时间上午9点半至下午4点，部分节假日休市，在感恩节次日、平安夜当天和独立日前一天会提前三小时收盘。而历史上，交易所的开门时间几经调整。20世纪上半叶，纽交所在周中的开门时间是上午10点到下午3点，周六再开市半天。到了50年代，周六时段的交易被取消了，而周中的交易则被延长至下午3点半。这样的交易作息时间持续了25年左右。随着交易量的增加，对纸质文件的处理工作变得愈加繁重，纽交所不得不缩减交易时间，调整为一周四天，每天从上午10点到下午2点，腾出更多时间来处理和交易量相关的文件工作。另一份资料则显示，在20世纪60年代末，华尔街不得不在每周三关门。因为到了1968年左右，纽交所发现已有超过40亿美元尚未处理的交易。交易员们还发现，交易量已经增长到了每天2 100万股。相比之下，在1929年即使最繁忙的交易日，交易量也从未突破过1 600万股。所以，那时有一个笑话：如果一个华尔街办公室的电扇吹错了方向，那么街上的游客极有可能经历一次纸张纷飞的游行。

被称为"文件危机"（Paperwork Crunch）的事件，从1968年6月12日开始到同年12月31日结束，是纽交所历史上被迫关门的十大著名事件之一。在此期间，纽交所每周三要全天关闭交易，处理价值数十亿美元的交易。1969年1月，纽交所恢复了周三交易，但依旧在接下来的7个月中，实行每天下午2点关门的办法。时任美国证券交易委员会委员的雷·加勒特（Ray Garrett Jr.）曾在1974年表示："大家都同意，证券处理系统实际已经崩溃了，而唯

第七章 攀登珠穆朗玛峰的冒险者、不婚主义者

一的争议点则是谁应该对这个烂摊子负更多责任。"那期间,经纪商在履行未执行订单的重压下喘不过气来。①

由于那时每天下午 3 点半就闭市了,艾伦一边工作一边去纽约大学上课。精力充沛的他既是纽约大学的全日制就读学生,也拥有一份全职工作。每天从纽交所下班后,他直接去学校上下午 4 点至晚上的课,而到了星期三纽交所关门那天,他就会去上一整天的课。不过随后,纽交所的开门时间从 10 点到下午 3 点半调整为 9 点半到下午 3 点半,后又延长至从上午 9 点半到下午 4 点,"我们讨厌现在的作息时间。"艾伦表达了他对现在交易时间的不满。

利润丰厚的"两美元经纪人"

艾伦的第一份正式工作是在总部位于费城的"米切尔,施赖伯,瓦特"公司(Mitchell, Schreiber, Watts & Co., Inc.),他在交易大厅为这家公司做交易。一年半之后,华尔街著名投行高盛找上艾伦,告诉他如果他愿意去哈佛攻读 MBA,并在学成后回高盛工作 5 年,那么高盛将支付艾伦在哈佛上学期间所有的费用。艾伦欣然答应,这简直是一个不需要思考的决定。一向乐观开朗、喜爱交际的艾伦在哈佛获得了许多人脉,不过他同时认为,虽然从哈佛能学到很多专业知识,但学不到华尔街实际操作的技巧。

从哈佛毕业后,艾伦履行了和高盛的约定,为高盛工作了 5 年。这期间,艾伦一直是一名办事员。在纽交所交易大厅,办事员

---

① 资料来源:福布斯,10 Memorable Events that Closed the NYSE。

又分为好几个等级,其中负责接电话的办事员层级较高,因为他们负责接听来自全球各地交易员打来的电话。在没有计算机的时代,电话是无比重要的通信工具。

艾伦给我举了一个例子:"比如我会在纽交所接到来自伦敦交易专柜的电话,对方要买100万股某公司的股票,或者旧金山交易专柜让我买20万股某公司的股票。所有要求都要通过纸笔记录下来。当然,你的数学要很好,因为这时可能经纪商会走过来对你说,我们在两美元的价位上买了10万股,那么你就得立刻对之前的数字做减法。你需要一直和数学打交道,要很谨慎,同时也需要确保经纪商的操作很仔细。你,就是经纪商的后备军。"

艾伦当过两年高盛的接线员,为伦敦交易专柜、纽约交易专柜和旧金山交易专柜工作。他的两只耳朵随时随地都挂着两个电话听筒,时刻处于战斗状态,每一天都过得飞快。"有人问我为什么不吃午饭,我们从来不吃午饭,因为实在太忙了,最多喝点东西,一切等3点半下班后再说。"

既然是战斗,就得在战前做充分的准备。艾伦总是在开市前一小时到达纽交所,去餐厅买好早餐带到楼上,大伙儿飞快填饱肚子后,会把一切工作用具归位,确保每样东西都顺手好用,这就像运动员,需要在比赛前热身。其实,即使到了今天,大部分纽交所的交易员也都保持着这样的就餐习惯,他们在地下一层餐厅买好食物和饮料,径直端到交易大厅里去吃,一般都是站着吃饭。他们不在乎有没有休息时间,只要市场开盘,就不再有任何属于自己的时间了。

尽管在高盛的待遇不错,但爱冒险的艾伦还是不甘于现状。5

第七章　攀登珠穆朗玛峰的冒险者、不婚主义者

年约期一结束，艾伦就跳槽到了他的好朋友弗兰克·吉拉迪（Frank Girardi）开的公司，并且获得了更高的薪酬。艾伦在弗兰克的私人公司一路从电话接线员晋升到交易员，并获得了他的第一个交易席位。

获得纽交所的交易席位，就好比获得奥林匹克运动会的参赛资格，是一件无比荣耀的事情。因为只有拥有交易席位，才具备在交易大厅进行证券交易的资格，极少数幸运和富有的人才能获得席位。交易席位，顾名思义就是纽交所"成员"们坐的凳子。1868年，交易席位成为可以被买卖的财产，会员可以以市场价格出售或者赠予。到了1953年，交易席位的数量增加到1 366个。交易席位所代表的权利和其稀缺性，令其市场价格不菲，但也会随着经济情况的好坏而有所变动：经济衰退期间价位普遍下滑，经济扩张期间则水涨船高。当时最昂贵的交易席位价格要数1929年成交的62.5万美元，但在1932年交易席位价格曾跌到了6.8万美元，1942年为1.7万美元。到了2005年，交易席位一度被卖到了325万美元。

交易席位的价格不仅随着经济好坏而波动，也反映出纽交所的经营状况，是衡量纽交所市场低位的黄金标准之一。根据美国有线电视新闻网财经频道（CNN Money）在2003年10月22日发布的文章，两个交易席位在当周以135万美元的价格分别售出，相对9月18日的售价下降了27%，折射出市场对纽交所的担忧情绪。针对交易席位售价下滑的情况，文章引用了纽约大学斯坦恩商学院教授劳伦斯·怀特（Lawrence White）的观点，称这是熊市的标志，不是指股市，而是指交易所预期的利润。

亲历纽交所

有趣的是，历史上纽交所交易席位拥有者的财富地位也随着年代的前进而变化。《福布斯》在1999年10月11日发布了一篇名为《时代的终结》的文章，文中指出，在1892年《纽约论坛报》公布的美国最富有的4 047人中，至少60人拥有交易席位。而在这篇文章发布的年代，在福布斯美国400富豪榜中，只有一个人拥有交易席位，他就是金融经纪公司斯皮尔·利兹和凯洛格公司的CEO彼得·凯洛格（Peter Kellogg），他将这个席位租给了其他公司会员。当然，也有一些名人曾拥有席位，比如小洛克菲勒的第三个儿子劳伦斯·洛克菲勒（Laurance Rockefeller），他从他的祖父——石油大王约翰·洛克菲勒（John Rockefeller）处获得了席位，并一直持有到1958年。全美最大的折扣交易商查尔斯·施瓦布（Charles Schwab）在1983年至1992年也拥有席位。

艾伦的交易席位是他的老板弗兰克花35.6万美元买下来的，那在20世纪80年代可谓是一笔巨款。再后来艾伦又从弗兰克手里买下了这个席位。在纽交所拥有一个交易席位不仅意味着交易的权利，也意味着将要承担的责任。赚的钱都是你的，但任何错误也需要你自己去解决。拥有交易席位的人也可以按照自己的想法收费，不过艾伦他们普遍被称为"两美元经纪人"，因为他们每执行100股股票交易都是收费2美元。垄断性的地位让"两美元经纪人"在这行有利可图，利润异常丰厚。

从1984年起大概有20年，艾伦都在交易大厅拥有交易席位，直到后来由于纽交所上市，他必须要把席位卖出去。艾伦回忆说："纽交所上市的时候，我们不得不卖出席位。这是大家投票决定的，当时大多数人投票支持上市。拥有席位者以150万美元的价格卖出

第七章 攀登珠穆朗玛峰的冒险者、不婚主义者

交易席位①,这还是不错的。"

于是,交易席位的概念逐渐退出历史舞台,在纽交所进行交易的权利开始取决于一个一年期执照。纽交所售出的执照不能被转售,但在拥有交易许可证公司的所有权变更期间可以转让。根据纽交所在2016年6月27日公布的官方文件显示,从当年7月1日起,会员组织的首个交易执照费用是5万美元,之后每新增一个执照收费1.5万美元(相同会员组织)。纽交所更倾向于取消这1.5万美元的附加许可证费用。

买人们需要的股票,而非人们想要的股票

当年的纽交所如同一个私人俱乐部,或者说秘密社团,在过去要想进交易大厅分一杯羹,那是很难的事。一旦成功加入这个俱乐部,几乎没人会主动离开。那时的交易大厅,或许可以代表整个华尔街的黄金时代,而交易大厅的欣欣向荣,也令其具备各种功能,可谓"麻雀虽小,五脏俱全"。我听数位交易员说过,当时的纽交所除了餐厅,还有仅向交易员开放的午餐俱乐部、理发店、裁缝店、医院和糖果店,还设有玩西洋双陆棋的专用桌子。如果你想的话,完全可以在纽交所过夜,永远都不需要离开大厅。

自己开公司并成功把艾伦召入麾下的弗兰克在股市发了家,很

---

① 或许是年代已久,艾伦提供的数据与真实记载的历史数据有所不同。根据美联社在2006年3月8日纽交所上市当天发布的新闻,纽交所1 366个席位的拥有者每位获得了80 177股纽交所集团股票、30万美元现金,以及70 571美元的股息。

早就从交易大厅退休了。弗兰克退休后,把交易大厅的业务交给了艾伦,艾伦又将业务与另一家公司进行了合并,进行了很多有关衍生品的交易,那在当时尚属新兴事物。在此之后,1987年出现股灾,很多小企业因此遭殃,艾伦的公司也不例外。那时,全球的金融中心正在转移,纽约不再是中心,亚洲才是下一个热点,那里将成为大量资金的来源地。带着这样的判断,艾伦从20世纪90年代初期就开始接触亚洲公司,第一家是总部位于北京的某家金融公司,他在纽约负责这家中国公司所有的订单,再后来便加入了现在就职的这家香港公司。

"1987年股灾那阵子,我们都以为自己会失业;2008年的金融危机,我们都认为整个经济体会崩盘。当然,后来事实证明我并未失业,但思考方式随着时代而发生变化。比如过去我们会疯狂建仓,但现在我们不再大规模建仓,我们做事非常小心。但凡市场有波动,我们都会去弄明白市场行进的方向。"

没有任何事物能永远维持光鲜,人生总在不断调整。纽交所交易大厅也不例外。这些过去一度被市场宠坏了的交易员,在飞速奔跑的时代里不得不接受电子化掷来的挑战书,不得不面对残酷的大裁员。要改变一个人的习惯很难,尤其是从人工交易过渡到电子化交易。"在1987年之后,我们意识到人工操作没办法追上交易量了。那时我们每天只交易1亿股,而在1987年以后,我们差不多每天要交易10亿股,这就变得不切实际,我们忙得要命也无法赶上进度。我们知道必须要实行电子化交易。那真的是一个挑战,我们全都要去上课,我之前以为我再也不用去学校了,结果我还得去上课,学习如何操作这些系统。真是太难了。"艾伦回忆道。

第七章　攀登珠穆朗玛峰的冒险者、不婚主义者

艾伦在交易大厅

另一个挑战就是如何保住饭碗。电子化交易最残酷的后果是不需要那么多人力了。每个人都人心惶惶，想着相似的问题：我还会在这里待上一个月吗？由于艾伦所在公司的总部设在香港，所以艾伦占了一个时差的优势。当总部同事睡觉时，他在工作，这为他的岗位赋予了一定的意义。当艾伦身边许多同行被电子化交易夺去工作时，艾伦成功地留了下来。

"你只能拥抱这种改变，只能尽可能多地学习技术，但问题是，当我掌握了一个系统后，我们又换了另一个系统。"不过，他仍对未来保持乐观。

"我总和年轻人说，我不认为还会进一步裁员。市场最终会变得更加繁忙。虽然现在我们通过电子化交易执行数十亿美元的交易量，每个人看重的都是速度，但我认为最终总会有一处缺口，是需

要人工的。当然，这也取决于美国证券交易委员会是否会改变规则。但我认为，如果你现在能在交易大厅里谋生，那么你永远都以此谋生。大厅不会再变得更大，更不会再现8 000人的工作场景，但我认为现在是相对稳定的状态。"

作为一名从业超过35年的交易老手，艾伦主要为客户买流动性高的蓝筹类股票，并在必要时脱身。艾伦从不买垃圾股（Penny Stock），因为他认为如果买的是垃圾股，最终卖的时候还是垃圾股。"我们买的是人们需要的股票，而不是人们想要的股票。比如我们买通用磨坊的股票，这是一家做谷物早餐等食物的公司，这是人们需要的。再比如我们持有很多和水利基础设施相关的公司，因为没有油你可以生存，但没有水是不行的。我们不会在科技股上大做文章，只是有时会关注医药类股票。"

坚定不移的冒险者和不婚主义者

艾伦告诉我他从未结过婚，也不打算结婚时，我还是吃了一惊。这和我们常说的"成家立业"形成了鲜明的对比。在交易大厅，我也很少碰到艾伦这样坚定不移的独身主义者。在他独身主义的背后，似乎有无数条合情合理的原因，支持着他的决定。

艾伦的父亲来自西班牙，母亲来自法国。"二战"期间，他们在法国相遇并在婚后移民到美国。艾伦是7个孩子中年龄最小的。"我来自一个有7个孩子的家庭，我太熟知那样的生活是什么样子。而我，不想过平静又一成不变的生活。"

他不结婚的第二个原因是金融行业的不稳定性。"你可以一年

第七章　攀登珠穆朗玛峰的冒险者、不婚主义者

挣 20 万美元，也可能颗粒无收。你连每周能挣多少钱都不确定，怎么抚养孩子呢？这一行挣的是佣金，取决于你做了多少笔交易，干了多少活儿。但凡你有所松懈，挣的钱就会变少。我晚上还需要在外陪客户，如果有家庭有孩子，这样做也会很难。也许你需要去大公司挣稳定的薪水，但它们也在裁员。美银美林没有了，高盛之前只有一个人在大厅，而当年我在高盛工作的时候，有 30 个人在大厅里工作。"世事变迁，商业环境的不断变换，让艾伦对结婚产生天然的排斥。

艾伦不结婚的第三个理由是他太爱冒险。如果有了家庭，说走就走的旅程就变得很不现实。大概 10 年前，40 多岁的艾伦挑战了珠穆朗玛峰，在那里待了两个月。要去珠穆朗玛峰，他先得飞到拉萨，接着走上 10 天才能到达攀登的起点，然后花 1 个月左右攀登，再花 10 天走出来。"我愿意徒步走到大本营，那是很棒的行程，但我再也不会登山了，太危险，也太昂贵。何况登山之前要花两年的时间进行训练，我现在没那么多时间可以做这样的训练了。"

从沿途的机票到登山的所有耗费，加在一块要花费 8.5 万美元。而慕名前去挑战珠穆朗玛峰的人密密麻麻，如同蚂蚁一般，人满为患的珠穆朗玛峰，我实在无法想象。"登山的时候，你会看到到处都是尸体。"艾伦的语气相当平静，就像是件平常事，"人们被珠穆朗玛峰的海拔高度吸引过来，就这样。"

"4 月份，我还会去航海，这次我们会从洛杉矶到夏威夷，往下去大溪地，然后我们再返回，回程则会路过珊瑚海。"2018 年 2 月，艾伦和我说着他的下一步计划。

"你一个人？"我不禁想到了李安的电影《少年派的奇幻漂

流》，于是开始想象艾伦一个人在帆船上乘风破浪的场景。

"不是，是一个大帆船，上面有十多个人。"艾伦正在为即将到来的航海旅程做准备，他每周末都去迈阿密参加培训，从迈阿密航行到巴哈马比米尼岛，晚上就通过天上的星星导航。除了学习如何驾驶帆船，艾伦他们还要知道如何在下雨时获取淡水，以及如何急救，做心肺复苏术和接骨。他们要在海上漂40天，一切全都要靠自己。

此刻的我，坐在办公室里，想象着被碧海蓝天围绕的艾伦，或正在椰林树影下潜水的艾伦，似乎自己的心情也变得愉悦起来。也许，当大多数人被生活困在无尽头的柴米油盐中时，艾伦选择了放弃，并最终获得了他想要的自由。

第八章
你对华尔街精英的所有想象，都在他身上逐一呈现

华尔街给职场菜鸟的第一个教训是：既不要眼高手低，也不要轻易看轻自己。

华尔街给职场菜鸟的第二个教训是：永远主动举手争取机会。

每当交易员基思·布利斯（Keith Bliss）作为股市评论员出现在电视画面上时，总有一些女人对着屏幕痴痴地叹道："这才是我理想中的男人啊！"一点儿都没夸张，基思满足了许多女人对男人的所有期待。他英俊帅气，为人和善，热爱家庭，量身定做的西装衬托出他那高大匀称的身材。超过 30 年的华尔街从业经验让他自信满满，无论何时他都显得气宇不凡，风度翩翩。我认为，基思的外形和气质完全符合人们对华尔街精英的所有想象。

与许多大厅里的交易员不一样的是，基思的职业发展并不是直接从交易大厅开始的。他的从业经验，可能和我们这一代更为贴近，都是在大学毕业后经历了一段相当痛苦的求职之路，然后一步一步打开了自己的事业格局。当我向基思发出采访邀请的时候，他有些不解："我的人生故事很大众很无聊，一点儿都不独特，你确定能有采访价值吗？"我想了想，对他说："你从华尔街这条布满荆棘的路上一路厮杀到了今天的位置，这就是价值所在。"

亲历纽交所

基思·布利斯

既不要手高眼低，也不要看轻自己

1986年，基思从新泽西州立罗格斯大学（Rutgers, The State University of New Jersey）毕业。20世纪80年代的美国，华尔街正处于一个黄金发展期，有关金融的一切都令人着迷。无数美国大学生都立志成为银行家，冲向华尔街，干出一番大事业。基思也不例外，受自身兴趣以及外界环境的双重影响，他选择攻读经济和金融专业。基思深深着迷于数字和数学，他喜欢发现问题并解决问题，同时也对人类社会运用金钱的方式很感兴趣。

不过，大学毕业后，基思并没能立刻找到工作，他和父母一起住在新泽西一个叫伦道夫（Randolph）的小镇上。父亲开始不断催促儿子："你应该赶紧找一份工作。"这才把基思推到了纽约找工

第八章　你对华尔街精英的所有想象，都在他身上逐一呈现

作，事实上，基思有一份高质量的求职简历，上面除了全美顶尖公立大学的金融学本科文凭，还有在全美最大移动运营商之一的美国电话电报公司（AT&T）的两次暑期实习经验和其他实习经历，基思选择了一种最为"质朴"的求职方式：去不同的公司登门拜访，毛遂自荐。然而，这样的方式并没有给他带来什么机遇，相反显得吃力不讨好。不过，我想这也为他今后的销售工作奠定了一定的基础。

上门自荐找工作走不通，基思换了一个策略，他通过朋友介绍来到一家位于曼哈顿下城约翰街（John Street）的职业介绍所。约翰街离华尔街很近，也许能为他带来好运气。"30年前的那个场景我永远都忘不了。那是一个下雪天，我带着一份自认为非常优秀的应届毕业生简历，走进了那家职业介绍所。"尽管找工作的开头不是很顺利，但他还是有底气的，再怎么说，他毕业于一所著名的大学，也有一些工作经验。

可是，职业介绍所似乎并不这样认为，他们根据基思的简历，给他介绍的都是清一色的电话营销类的工作，年薪在12 000美元～13 000美元。但基思并没有失去信心，他坚定地拒绝了那些电话营销的工作机会。"谢天谢地，我那时有足够的勇气对他们说，我不会去面试那些工作。"基思对我感慨道。

见基思回绝了那些推销工作，职业介绍所的经理最终把一份原本为其他人保留的面试机会让给基思。那是一份在花旗银行会计部门的工作，年薪22 000美元。基思顺利获得了那份工作，花旗银行成为他事业的起点。

多问无妨

　　进入大企业自然有很多好处，但也有不好的地方，因为企业平台比较大、分工过于精细化，所以每个岗位都如同一台大型机器上的螺丝钉，就算工作了好几年，也难以对行业形成一个系统化的认知和理解。

　　尽管如此，基思在花旗银行很是如鱼得水，天性活跃的他没有死守在某个特定的工作岗位上，而是勇于尝试各式各样的工作。只在花旗银行工作了3年，他就当上了财务总监，掌控两个部门、近1亿美元的年度财务预算。那年，他才25岁，正是风华正茂、野心勃勃的年纪。现在，基思回头想想仍觉得有些疯狂，当时花旗银行竟然赋予他这个年轻人如此重大的职责和权利。

　　更不可思议的是，他还参与了花旗银行的商业信用项目。这个项目是花旗银行专门为毕业于常春藤院校的职员设立的，参与该项目的员工在招聘之初，就设置了成为客户经理或贷款经理的目标。和现在有所不同的是，当时银行最主要的业务是给大型企业提供贷款，而这些企业主要都是做房地产借贷的。

　　"你是如何让他们相信你可以参与这个项目，胜任这个职位的？"我很好奇。

　　"有三点很重要。"基思对我说，"第一，疯狂的工作。那是20世纪80年代末，电脑还不像现在这样被广泛应用。如果你需要加班，只能待在办公室才能做事，回到家什么都做不了。我很享受工作，也经常在办公室加班，领导发现我不仅能胜任自己的工作，还能做更多的事情。第二，那时花旗银行有八万多名员工，可我从不

第八章 你对华尔街精英的所有想象，都在他身上逐一呈现

畏惧举手主动争取任务。我总会向领导要求做这份工作，或者给我一个机会做另一份工作。不到 3 年，我基本上做过所有会计和记账类的工作，还为管理部门的经理做过金融方面的工作。"基思一直希望能从事商业方面的工作，所以当有这样一个机会到来的时候，他主动请缨，并得到了公司的信任。

"第三，只要你有信心，就不要害怕失败。我认为这是在美国商业中相当重要的一点。大部分的管理者都欣赏那些全身心投入工作的人，从不畏惧失败。"基思说，"不要害怕承认自己需要帮助，你可以直接告诉领导，他所指派的任务你不太理解，需要他的帮助。这样你既可以解决问题，也不会在未来去试图隐瞒任何问题。尽管这不是什么令人骄傲的事，但领导欣赏下属能够这样做。"

多问无妨。这也是我在美国近 10 年来学到的最重要的一点。

人生的转折点常出现在不安全感之后

1993 年，基思选择离开花旗银行，朝下一个目标前进。"当年轻的时候，你是为了机会而跳槽。当年龄渐长并积累了一定的经验和阅历后，跳槽的目的除了获得机会，应该更多取决于薪资水平。我们总希望下一代能比我们拥有更高的生活质量，不是吗？"不过，自信满满、准备干一番事业的基思那时并没想到，一次职场危机正在前方等着他。

离开花旗银行后，基思加入了一家名为"贷款定价服务公司"（Loan Pricing Corporation）的咨询企业，为银行贷款业务提供咨询

服务。根据基思的回忆，20世纪90年代的美国，银行业正在迅速发生变化，许多超级区域银行设立在美国东南部。基思的工作任务就是去拜访那些银行，并将公司的软件产品销售给它们。作为区域销售经理，他几乎每周都会出差。卖力又用心的工作表现让他很快成为行业里的顶级销售人员，但在他刚刚出色完成一份大额销售合同之后，却不知怎么得罪了领导。"我花了整整一年的时间，并在那一年的最后一天，搞定了这笔价值50万美元的合同。然而，两周后，我的领导通知我说我被解雇了。"基思说完之后，苦笑起来。"为什么？"我问他。基思摇头说："我至今也不知道原因。那是我人生头一次体会到了失业的恐慌。第二年年初，他就给我发了解雇通知。三个月后，我离开了那家公司，开始从事交易软件的销售工作。这对我而言是一个很重要的转折点。因为这让我真正进入了投资的世界。"

基思没有因委屈和不解停下脚步，反而，职场意外的打击激发了他更强的斗志和更多对金融行业的思考。他陆续加入了另外两家金融科技公司，并凭借这些工作经历，1999年7月12日，基思加入了美国最大的做市商之一——骑士资本①，担任机构电子交易部门主管。

"其实，许多人都不明白金融行业的本质，但大家每天的生活都会受到金融行业的影响，哪怕仅仅是在杂货店买一盒牛奶，也需

---

① 基思在此公司工作的时候，公司名字还叫骑士证券，2013年该公司被电子交易公司 Gettco Holding Co. 合并，更名为 KCG Holdings, Inc。2017年，其被高频交易公司 Virtu Financial 收购。

第八章　你对华尔街精英的所有想象，都在他身上逐一呈现

要有人进行财务方面的运作才能实现，否则杂货店的货架上并不会有牛奶。人们应该了解这些。"

2002 年，基思加入了当时纽交所最大的专家经纪公司拉布朗契（LaBranche）金融服务公司，首次接触到纽交所。五年后，他又跳到了提供套利与执行服务的库托内公司（Cuttone & Co.），担任高级副总裁及销售与市场总监的职位，在纽交所交易大厅的一个交易亭中工作。

"作为高级副总裁，你每天在交易大厅做什么？"我问他。

基思答道："我最主要的职责是与机构客户或潜在的机构客户互动交流，向他们展示或者让他们使用、购买我们公司提供的产品或服务。我主要负责寻找客户，让他们使用我们的软件做交易。"基思的客户都是机构投资者，比如对冲基金、共同基金、养老基金等，也包括家族办公室、高净值个人投资者和投资俱乐部。很多时候他和其他交易员共享客户资源，因为许多机构客户都不会只用一家经纪商。不同公司的交易员之间也会相互交流，大家可能是合作关系，也可能是竞争对手，但不管怎样都是很和谐的关系，那种感觉甚至像是大家在为同一家公司工作，只是负责的事情不同而已。

证券交易可以发生在交易所，也可以在场外交易市场（OTC）。尽管功能相同，都是为了撮合买卖双方，但两者交易过程截然不同。《股票、债券、期权与期货》（*Stocks, Bonds, Options, Futures*）一书就对一笔发生在纽交所交易大厅的交易过程进行了详细的阐述。

亲历纽交所

在过去传统的交易方式中①，当一名客户想要在纽交所买卖股票时，他会向其中一家纽交所的会员公司下订单，只有纽交所的会员公司可以进行交易。在过去，交易所会员公司意味着在纽交所拥有一个席位。客户的订单通过计算机传输到会员公司在交易大厅的交易员（场内经纪人）手中。场内经纪人带着订单到大厅的某一股票的指定交易地点进行交易（通常是位于大厅中央的交易台）。

通常订单可以和另一家公司的场内经纪人交易，也可以和负责股票的指定做市商交易。举个例子，一名保德信金融集团（Prudential Financial）的场内经纪人有一张要购买6 000股IBM股票的订单，当他到达IBM的交易台时，如果这时另一名来自其他公司的场内经纪人有6 000股或多于6 000股IBM的股票要卖，那么他俩就可以协商一个价格，进行交易。

如果没有其他经纪人卖出IBM的股票，那么他可以和负责该股的指定做市商进行交易。指定做市商扮演的角色是维持市场秩序，并为市场提供流动性。所以，当没有其他经纪人可以与想要购买IBM股票的经纪人进行交易时，指定做市商便要执行这个功能，向经纪人出售IBM股票来执行客户的订单，它为投资者提供了流动性。在这个过程中，指定做市商通过买卖价差赚钱。在理想情况

---

① 美国证券交易委员会于2005年通过美国全国市场系统规则（Regulation NMS，简称Reg NMS），旨在通过鼓励市场竞争而确保投资者获得最佳的交易执行价格。根据一位曾在纽交所上市部门工作的员工回忆，过去大部分股票交易都发生在该公司挂牌的交易所，但现在大部分交易都发生在交易所之外，除了每个交易日开市和闭市的时候。

第八章　你对华尔街精英的所有想象，都在他身上逐一呈现

下，指定做市商希望买卖相等数量的股票，使持仓尽量保持平衡。所以，如果投资者要买的股票数量大于指定做市商的持仓，指定做市商便会提高买价和卖价，来鼓励更多的卖家出现。反之亦然。所以，他们是通过"换手"（turnover）来赚钱。①

当股价因利空消息出现暴跌，导致市场出现大量卖家时，指定做市商需要用自有资金接盘，以提供流动性，这也为它们自身的资金带来风险。这也是为什么基思一直坚持做市商应该获得酬劳，因为在特定情况下，没人知道市场接下来会怎么走。"做市商是用自己的资金作担保并承担风险。哪怕它们获得了价差利润，但仍有可能因为股价走低而亏损。它们可以在每笔单独的交易中挣钱，但整体来说，总持仓量依旧可能面临亏损。理所当然，它们应为承担市场风险而获得补偿。"

阿里巴巴上市的首笔交易为什么等了那么久？

对基思而言，他最享受的工作过程就是在一笔交易达成之际，那是他最有满足感的时候。"无论是找到一位新客户愿意通过我们做股票或期权交易，还是向某个客户出售我们的产品，或是与投行达成一笔交易，这些真的都太难了。"基思表示。达成交易并不一定意味着获利颇丰，但达成交易的成就感有时比赚钱还更让人感到满足。

公司上市的过程也是如此，令他印象最深刻的并非围绕上市公

---

① 资料来源：斯图尔特·维尔（Stuart Veale）所著的《股票、债券、期权与期货》。

153 /

司的各类宣传，而是当股票在二级市场开始交易的那一刻。"最有趣的一次IPO要属阿里巴巴的股票上市。"当时正在哥伦比亚一所大学授课的他，和学生们一起在线观看了阿里巴巴IPO的全过程，"等待开盘价的时候，我和交易大厅现场的同事们发信息交流，这赋予我一个很有趣的视角，因为我是在一个离纽约4 000多公里的国家，远程观察纽约发生的一切。"

基思接着说："阿里巴巴是一个不可思议的成功企业，我认为它是对中国经济发展和创业精神很好的诠释及宣传。"

2014年9月19日，阿里巴巴正式在纽交所挂牌，成为当时美股历史上规模最大的IPO。在市场开盘之后大家又等了约两个半小时，阿里巴巴才确定了92.70美元的开盘价，较其每股美国存托股（American Depositary Share，简称ADS）68美元的发行价上涨36.3%。

"你知道为什么等了那么久吗？"基思问我。

"因为规模庞大？"虽然现场亲历了很多次IPO，但我发现自己很难说清个中缘由。

基思开始给我授课："通常这样一个大型IPO，联合承销团队在路演过程中要向他们的机构客户征求购买意向，并组织上市公司的管理层与市场投资者、潜在股东进行交流。潜在投资者可以通过路演了解公司的行业优势，也能亲自了解管理层的风格。通过这些交流活动，销售团队就能从潜在投资者处获得他们的投资意向（Indications of Interest，简称IOI），比如他们会买多少股票。明确投资意向后，承销商会分配所有的订单，比如富达投资集团购买

第八章 你对华尔街精英的所有想象，都在他身上逐一呈现

5 000万股，威灵顿管理公司购买2 500万股。交易可能是以包销①的形式。比如投行集团可能对公司表示：'我们会按照每股20美元的价格买进所有股份。'在获得公司同意后，承销商再把这些股票以每股22美元卖给机构投资者，从中赚取利润。当股票开始在二级市场展开交易时，尤其是非常热门的IPO，一旦开盘股价上涨，很多机构就能迅速卖光所有股票，获利了结。"

基思继续解释："阿里巴巴的热门IPO中，之所以询价耗时很长，是因为这是一个真实的价格发现过程。阿里巴巴在纽交所的指定做市商与'楼上'的承销商之间来回进行交流。指定做市商从交易大厅的人群中征询意向，这些人群代表了客户意向。承销商将所有意向搜集汇总，不光是来自纽交所的客户意向，也包括华尔街乃至全球任何地方的客户。这些机构可能想出售部分持股，或者出售全部持股，于是机构的销售人员汇报：看起来开盘价可以是70美元，如果再等一会儿的话，可能是75美元。所以，当这么多人同时参与议价的时候，会耗费很长的时间发现一个合适的价位，这个价位是人们最终决定买入和卖出的价位。这就是为何阿里巴巴花了两个半小时才开盘的原因。"

事实上，通过路演，可以使即将上市的公司及其承销商们试探出投资者对这家公司的看法，找到潜在投资者，确定发行量、发行价等关键内容，这是整个上市过程中非常重要的一环。再以阿里巴巴为例。2014年9月8日，星期一，阿里巴巴在纽约开始全球路演的第一天。当天上午6点，阿里巴巴高管与其6家主承销商联合销

---

① 包销（Firm Commitment），指承销商同意购买全部将发行的证券后转售给公众。

亲历纽交所

售团队在花旗集团投行业务总部举行讨论会，来自6家主承销商的机构销售人员接受培训，全面地了解这家公司，从而能更好地向投资者进行推荐。下午1点左右，阿里巴巴在曼哈顿著名的华尔道夫酒店18层举办了午餐推荐会，前来参加的投资者摩肩接踵，远超预期人数。纽约路演后，阿里巴巴团队兵分两路，去了波士顿、洛杉矶、新加坡、伦敦等地进行路演，在最后上市前一天回到纽约确定IPO定价，19日正式在纽交所挂牌。

IPO定价是公司上市至关重要的环节。从投行角度而言，理想定价的效果是在原始股公开发售时就立即被抢购一空，股价立刻在公开市场上涨5%~10%。比如，如果报价是20美元，价格一开盘就立刻涨到21美元~22美元。在这种情况下，卖出股票的机构和买到股票的投资者都很高兴。这是经常出现的情况，但也有不少反例。[①]

十分有趣的是，纽交所的询价过程，和其竞争对手纳斯达克交易所的询价过程不尽相同。纳斯达克高级副总裁鲍勃·麦柯奕（Bob McCooey）曾在一次接受我的采访时表示："纳斯达克IPO的第一个主要特征是它从不在上午10点之前开盘，当天IPO上市的公司不能在9点半开市的时候开始交易。因为9点半美股开市时，其他7 000多家在美上市公司都开始了一天的交易，这可能会对IPO的过程带来影响。第二，纳斯达克有一个10分钟的'价格发现窗口'，在这10分钟的时间里，所有来自买方和卖方的订单都会出现在系统中，每5秒钟我们就会公布一个参考价格。在这段时间中，价格会不断变化。我们之所以这样做，是要确保整个过程透

---

① 资料来源：斯图尔特·维尔（Stuart Veale）所著的《股票、债券、期权与期货》。

第八章 你对华尔街精英的所有想象，都在他身上逐一呈现

明、公开和公平。每个人都能得到交易所需的信息，来做出最利于自己的决定，比如是否买入、卖出，还是继续持有已被分配到的股票。

"在这 10 分钟结束后，我们将这个过程记录移交给主承销商，主承销商可以查看账簿①中所有订单记录，通过使用它们的资金最大限度地稳定股价，降低波动性并增加流动性。我们不会告诉主承销商何时开盘，而是它们告诉我们何时做好准备。作为一个上市平台，那 10 分钟的'价格发现窗口'是由软件来管控整个过程，并把信息提供给所有投资者。"

不过，这并非意味着在 IPO 上市当天，纳斯达克现场无人操作。在 IPO 现场会有一名执行负责人，由他来协调一切事情，确保主承销商、其余联合体、法律及技术团队等职能机构能顺利运行。在 2018 年 3 月 28 日，中国视频弹幕网站哔哩哔哩（Bilibili）在纳斯达克上市，其主承销商之一的摩根士丹利决定询价时间为 10 点 35 分，哔哩哔哩正式开盘时间是在 11 点 08 分左右，开盘价为 9.8 美元，较 IPO 定价的 11.50 美元下跌了 14.8%。

情绪是交易最大的敌人

基思是我所认识的、为数不多的从销售起家的交易员，而扎实

---

① 账簿的英文为 Book，指主承销商把买卖信息罗列在一起的文件，在这里指的是纳斯达克在 2015 年创建的软件"账簿阅读器"（Bookviewer），主承销商可以在软件中看见每一笔交易记录。

专业的销售背景，使他对市场交易的工作游刃有余。"销售最大的一点是你要学习人们的行为模式，知道如何与合适的人进行互动，而不是从他们身上占便宜。面对一个有意向的买家，你需要帮助他理解为什么你的产品对他有益，应该如何购买你的产品。但我发现，不同的人有不同的行为方式，如果有些事情不尽人意，并不一定是我的原因。"基思曾将对方的拒绝视作个人原因，但随着阅历的积累和对自身的思考，他逐渐发现要就事论事，而不能把问题简单地归结在个人身上。

"我认为每个人都应该做一次销售工作，他们就会发现这有多难。"基思说，"马克·吐温（Mark Twain）曾经说，宁愿闭口不说话，也不要急于表现自己。这和人性本身相冲突，因为人们本能地渴望被听见，去表达。很多销售人员急于推销自己的商品，这样很有可能做出过度承诺。而客户迟早有一天会发现你无法兑现承诺。"

要想成为一名成功的销售人员，需要强迫自己克服很多恐惧，强迫自己成为一个言语得体、行为合适的人。很多时候，人们并没有意识到，他们每时每刻都在进行着销售，因为他们每天都在与人打交道。如果一个女生遇见了心仪的男孩，想让男孩约自己出去，那么女生就需要找到一种方法"销售"自己。如果你正在进行一次工作面试，你也在"销售"自己，以获得公司的认可。基思认为，当一名销售员，可以教会大家如何让生活中的"销售"做得更好。

销售员需要有强大的内心，学会在困难和失败中自我振作、重生。作为一名资深销售人员，基思更热衷于学习人们如何对不同事情做出不同的反应，如何协调积极或消极的动机，又如何将这些动机融入商业体验中，并带来积极的结果。

第八章 你对华尔街精英的所有想象，都在他身上逐一呈现

而从交易员的角度而言，基思认为，在股票交易中最重要的是要做到三点。第一，有一个计划。永远不要没有任何计划就进入股市，自以为能赢，其实不然。第二，做功课，确保这个计划可以被很好地执行。第三也是最难办到的一点，就是不要带着任何情绪进入股市。一旦投资者准备投资股市，则要做好损失所有钱的准备。如果没有这样的心理准备，那么投资者应该独立思考几遍，在自己内心平静之后扪心自问：如果损失了500美元或者50万美元，自己会做出何种反应。通过自省，将自己的情绪平复下来，才能在股市上下波动时做出理性的决策。

交易最难的事情莫过于克服情绪。投资大师沃伦·巴菲特说过：在别人恐慌时贪婪，在别人贪婪时恐慌。换句话说，当世界都在分裂时，你需要买入，你得有一个坚定的信念，即世界不会分裂，哪怕再糟糕也会继续存在；然而，当一切都显得那么完美时，你则需要卖出。巴菲特还有一句话，也许投资者更容易理解一些：如果你不情愿在10年内持有一只股票，那么你就不要考虑哪怕是仅仅持有它10分钟。

其实，这又何尝不是人生的真谛呢？

第九章
真正的华尔街英雄

世贸中心一号楼遭袭击的第 17 分钟，美国东部时间 9 点 03 分，第二架飞机撞上了世贸中心二号楼，虽然大家感受到了冲击，但没人觉察到那也是一架飞机撞上来了，大家误以为冲击来自一场爆炸。他的急迫感非常强烈："每个人都必须走，马上走！"他没有听从大楼广播的警告，开始加速遣散所有纽交所的员工，他果断且迅速奔走于 28 层到 30 层之间，保安只有他一个人，他只能拼命奔走，努力通知到每一个人，他在和死神抢时间。

2017年7月14日，是纽交所保安奥利弗·霍华德（Oliver Howard）上班的最后一天，也是他的62岁生日。他特意选在了生日当天退休，为他近40年的保安生涯画上句号。当天下午3点左右，华尔街尚未结束一天的交易，奥利弗被同事叫去了交易大厅。他刚一出现，大厅瞬间爆发出雷鸣般热烈的掌声，持续了至少10分钟，纽交所全体员工和交易员向奥利弗致以最崇高的敬意和最深的感谢。对奥利弗而言，片刻的掌声凝成了永恒的记忆。他那天并没有穿保安制服，而是换上了一身笔挺的黑色西装，搭配一件白色衬衣，并系着一条黑白相间的菱形花纹领带。此时此刻，奥利弗在交易大厅里格外引人注目，历来在交易时段分秒必争的交易员们此刻宁可暂停手上的工作，也要为这位华尔街英雄欢呼鼓掌，感谢他数十年如一日的付出。

纽交所舍不得他退休，纽交所安全部门主管凯文·菲茨吉本斯（Kevin Fitzgibbons）中尉对他说："奥利弗，如果你想回来工作，只要我在这里一天，你随时都能回来工作。"身材魁梧的奥利弗听到这番话忍不住落泪了，他很感动能有人对他这样说。他的同事们

亲历纽交所

还为他准备了一个设计成纽交所安保勋章模样的奶油蛋糕，一张漂亮的卡片和大家凑的礼金。

作为一名安保人员，奥利弗的退休仪式显得格外隆重，实际上他完全有理由值得大家这样的礼遇。"9·11"事件发生当天，正在世界贸易中心二号楼执勤的奥利弗凭借敏锐的直觉和职业素养，果断疏散了当时在大楼工作的所有纽交所员工，拯救了上百人的生命。平时他是一个小心谨慎、不愿惹麻烦的人，但在那危急时刻，他没有考虑自己的安危，而是全身心投入工作。但他从未想到，在随后的十几年中，"英雄"这个称呼从未离开过他，尽管他无数次和大家说，我真不算是英雄。

中间是奥利弗，右一为时任纽交所主席理查德·格拉索，左一为时任亚利桑那州参议员约翰·麦凯恩（John McCain）
（梅尔·努德尔曼拍摄，由奥利弗本人提供）

第九章 真正的华尔街英雄

不惹事，不怕事

奥利弗有一双深沉的黑眼眸，配上浓眉和标志性的大笑，特别具有亲和力。他的母亲来自波多黎各，父亲来自美国南部的佐治亚州亚特兰大市，带有非洲血统。他的父母在"二战"后相遇，并把家安在了纽约。奥利弗在6个子女中排行第三，一家人其乐融融地生活在纽约布朗克斯区（The Bronx）的东北部。

布朗克斯区在纽约的名声并不太好，是出了名的危险区。在纽约当地各种有关犯罪案件的报道中，经常可以看到布朗克斯。在那里生活，需要有一些街头智慧，时刻要有清醒的头脑，保持警觉，避免去任何有潜在危险的地方，用奥利弗的话说就是："径直回家"。

奥利弗一家住在布朗克斯区的廉租公寓楼里，那是美国政府为贫困家庭专门设置的，房租远低于市价。公寓楼里住着形形色色的人，这让奥利弗从小就习惯了复杂的环境。"我总能与大家合得来，不论是好人还是坏人。我会主动避开是非之地，从没惹过麻烦。"个性和善的奥利弗在上学期间几乎从未和人打过架，除非为了保护自己。他不惹事，但也不怕事。在布朗克斯最重要的一个生活准则就是：随时随地做好应对危险的准备。

事实上，奥利弗的第一个职业目标并非保安，而是当一名辩护律师，为无辜的人提供帮助。在位于曼哈顿市内的亨特学院（Hunter College）上了两年大学后，他厌倦了上学，他不想过了无新意的生活，并急于离开布朗克斯，证明自己已经长大成人。"我想给生活带来一些改变，想去冒险，想去一个家人或朋友都没去过的地方。"奥利弗说。于是，他选择了辍学参军，面对他的选择，家人表示理解，甚至为他感到骄傲。奥利弗解释道："我父亲曾参加第二次世界大战，我哥哥是美国空军，我弟弟是海军陆战队士兵。所以尽管我父母舍不得我们离开家，但他们愿意放手让我们去尝试。"

1978年3月14日，奥利弗加入了美国陆军，在位于密苏里州的伦纳德伍德堡（Fort Leonard Wood）基地完成学业和训练后，被派往得克萨斯州胡德堡（Fort Hood）军事基地。奥利弗所在的第1骑兵师，是美国陆军历史最悠久、最著名的一个部队。回忆参军经历，奥利弗说："虽然我从没参加过战斗，但我时刻都做好了上战场的准备，无论是心理上还是身体上。如果你没做好准备，那你就不应该成为一名战士。你需要很严肃地对待你的职业，无论你来自哪个国家。"

因伤提前退伍后，奥利弗一直从事安保工作，医院、建筑工地、学校等很多地方都留下了他的身影。奥利弗回忆道："在医院当保安时，他们喜欢把我安排在急诊室，因为我很擅长和人打交道，我可以让那些情绪十分激动的人冷静下来。不同领域的安保工作有各自的特点，但我都喜欢。因为我喜欢帮助人，希望让每个人都处在安全的环境当中。"奥利弗还做过店铺侦探，专门抓那些在商店里行窃的人。因为跑得快，小偷很少能从他眼前逃脱。当店铺侦探那阵子，他至少抓了二三十个人。

很多时候，当人们处在舒适安全的空间里，往往会忽略保安的价值。而只有人们感到危险时，才真正想起保安的职能。每个人都需要安全，但"安全"如同空气，只有失去时才感到珍贵。

第九章　真正的华尔街英雄

"那是我永远无法忘记的一天"

1996年，奥利弗凭借十多年的安保经历被纽交所聘用，在当年3月正式成为纽交所的一名保安。5年后，一场震惊全球的恐怖袭击事件让他成为纽交所的英雄，而奥利弗始终认为自己不是英雄，他只是履行了义务。

当时，纽交所执法部门的150多名员工在世贸中心二号楼办公，作为纽交所在世贸中心的唯一一位安保人员，奥利弗负责第28层、29层和30层的所有安保工作。所有寄给纽交所职员的包裹都必须在安保室接受安检扫描和检查。

"那是我永远无法忘记的一天。"奥利弗回忆起"9·11"事件，似乎一切都近在眼前。

美国东部时间2001年9月11日上午8点46分，一架美国航空公司波音客机撞上世贸中心一号楼，这架从波士顿洛根国际机场起飞的飞机本来要飞往洛杉矶国际机场，被5名劫机者劫持，最后撞向世贸中心一号楼（双子塔北塔）。当世贸中心一号楼被第一架飞机撞击起火后，世贸中心二号楼（双子塔南塔）的人们眼睁睁地看着大火吞噬了隔壁的大楼，楼下广场被摧毁，满眼都是遇难者的尸体，横七竖八。此刻，身处二号楼的人们目瞪口呆，无法相信眼前的一幕，然而，更可怕的是他们完全不知道，死神正逐渐向他们逼近。

没人料到第二架飞机正朝着二号楼飞来。二号楼内开始响起警告通知："请注意，请注意，出现问题的是世贸中心一号楼，回到你们的办公室，我们在世贸中心二号楼。"这个通知一连说了三遍，让大家不要离开大楼。"我记得特别清楚,那几句话现在一直萦绕在我耳旁。"奥利弗说。

作为一名长期从事安保工作的人员,奥利弗凭直觉认为让人们留在办公室的安排并不合理,他告诉自己,大家不能在这里待下去,应该赶紧撤离。此时此刻,在奥利弗的脑海中没有比这更加坚定的想法了。"朝窗外望去,世贸中心一号楼正在着火,我们怎么能留在一个隔壁正在着大火冒黑烟的大楼里呢?我迫切感到我们必须要立刻离开那座楼,去一个更安全的地方。一秒都不能耽误。我开始疏散我负责的那三个楼层。"

一号楼遭袭击后的第17分钟,美国东部时间9点03分,第二架飞机撞上了二号楼,虽然大家感受到了冲击,但没人觉察到那也是一架飞机撞上来了,而误以为冲击来自一场爆炸。奥利弗的急迫感更加强烈:"每个人都必须走,马上走!"他没有听从大楼广播的警告,开始加速疏散所有纽交所的员工,他果断且迅速,飞速奔走于楼层之间,保安只有他一个人,他只能拼命奔走,努力通知到每一个人,他在和死神抢时间。

"世贸中心的每一层走廊都特别长,如果在这一端发生了什么事情,另一端的人很可能听不见。我担心有人因为在办公室戴着耳机,或者正在打电话而没有听到我的声音,所以我检查了每一间办公室,每一个空隙处和每一处角落,确保大家都撤退了。"奥利弗一边查看办公室,一边扯着嗓子大声喊道:"你们必须要出去!快!"他根本没有时间用手敲门,门都是被他直接用身体撞开的,因为只有他一个人,所以他的任务相当繁重。

三层楼每个房间全部通知了一遍后,看着开始撤离的慌张人

第九章　真正的华尔街英雄

群，奥利弗不停地问自己："我真的没有遗漏任何一个人吗？"他不放心。二号楼遭到的撞击已经开始产生连锁反应，大楼开始摇摇欲坠，时间很紧迫了，可是奥利弗并没有急于加入下楼逃生的人群，他准备回去，把那三层楼上上下下再排查一遍，他要百分之百确定没有错过任何一个人。

"当你再上楼检查第二遍时，你没想过你自己的安全吗？"我问他。

"我不喜欢自夸，但我不是一个自私的人。我是一名负责大家安全的保安，我必须确保每个人都安全地离开大楼，然后我才能离开。"在奥利弗的童年时光，他总是肩负着照顾兄妹的任务，他一直认为自己有义务照顾好每一个人。

此刻的奥利弗，在楼层之间大声呼喊、组织大家撤离的奥利弗，满脑子都在想有没有错过谁，还有没有人可能没听到他的呼喊，他要保护好公司的每一个兄弟姐妹。

就这样，在仔细排查了两遍后，奥利弗才最后跑下楼。一路上，他看到楼梯间堆满了人们因为匆忙逃生而掉落的鞋，大多数是女士的鞋。由于跑得太快，奥利弗一个踉跄就被那些鞋子绊了一跤，他迅速爬起来，继续向楼下奔去。"我终于到了大堂，我亲眼看到那些冲进大楼的上百名消防员和警察。我看到他们要去灭火，感到有些宽慰，因为我以为他们会灭掉大火，救出大楼里的所有人。他们没有用电梯，而是走的楼梯。但我万万没想到，最终我看见的那些人全部牺牲了。我永远都不会忘记那个画面，他们真的非常英勇。"上百位消防员和警察冲进了二号楼，再也没有出来。奥利弗认为他们才是真正的英雄。

亲历纽交所

上午9点59分，二号楼首先坍塌，尽管它是第二个遭到撞击的，大楼倒塌的全过程仅用了10秒钟[①]。二号楼倒塌的时候，奥利弗前脚刚迈进纽交所，他赶紧借了电话向家里报平安，而正在家照顾两岁侄子的妻子一度以为他死了，早已泪流满面。

奥利弗一出现在纽交所，人们就不停地问他："奥利弗，你让所有人都离开了吗？"奥利弗肯定地点点头，语气坚定："是的，我让所有人都离开了。"奥利弗不顾自身安危，上下盘查两遍，为的就是这样一个肯定的回答。后来，人们告诉他，他拯救了近150个人的生命。

"大家称我是一名英雄，但我不停地和他们说我不是，我只是做了本职工作而已。"奥利弗依旧不肯认领这个光荣的称号。

"谢天谢地，我们没有失去任何一个人，我让所有人都撤离了。"奥利弗最终惦记的还是自己没有漏掉谁，"当时，纽交所主席格拉索让每个人都待在纽交所，说交易大厅是最安全的地方。在'9·11'事件之前，纽交所对大楼进行了加固，有一种建筑材料还是厚玻璃，可以阻止外面的有害灰尘进入大厅。所以大家都留在交易大厅里面。"

奥利弗在交易大厅一直待到5点钟左右，幸运的是，一个他从7楼餐厅认识的朋友问他是否愿意搭顺风车。奥利弗感激地点点头，说："当然。"于是，两人一起从华尔街向北徒步走到曼哈顿第14街，从那里上车离开。"我简直无法形容那次的搭车之旅。那是

---

① 资料来源：https://www.cnn.com/2013/07/27/us/september-11-anniversary-fast-facts/index.html。

第九章 真正的华尔街英雄

一辆三菱的小轿车,车身很小,只有两个门。车后排有一点空间可以留给我,我跳上车,两腿完全蜷缩着才能挤进去。但我一点都不在乎,因为我能回家了!"

第二天,奥利弗对妻子说:"我准备回去工作。"妻子大惊失色,她的丈夫好不容易死里逃生,为什么还要回去,她叫道:"你疯了吗?为什么啊?"奥利弗坚定地告诉妻子:"我想回去帮忙。"于是,"9·11"事件发生两天后的周五,奥利弗便返回了工作岗位。

为了表达对奥利弗的感激和敬意,2001年9月17日华尔街重新开市当天,纽交所邀请他敲响了当天的闭市钟。那是一个神圣庄严的时刻,站在敲钟台上的除了奥利弗,还有纽交所的总裁威廉·约翰斯顿(William Johnston),以及两名"9·11"事件当天从世贸中心逃出来的纽交所员工。奥利弗戴着保安帽,穿着制服,打着领带,站在中间负责敲钟,神情严肃而庄重。

在"9·11"事件十周年纪念日,奥利弗再一次被邀请站在敲钟台上,此刻的敲钟台站满了政要,有时任纽约市长鲁迪·朱利安尼(Rudy Giuliani)、国会参议员查尔斯·舒默(Charles Schumer)、希拉里·克林顿(Hillary Clinton)和理查德·格拉索等。

纽交所的安保措施一直很严格,除了"9·11"事件,奥利弗在工作中几乎没碰到什么棘手的情况。"有一次一个员工进门过安检,我通过仪器发现他带了一把特别长的刀。我问他为什么带这把刀进来,他说是用来切三明治的。事实上,我认为他是一名问题员工,因为他已经被开除了。于是我把情况报告给我的主管,扣留了刀具,并制止他进大楼。"

亲历纽交所

奥利弗受邀敲响"9·11"事件后华尔街重新开市当天的收市钟
（梅尔·努德尔曼拍摄，由奥利弗本人提供）

自"9·11"事件发生后，纽交所的安保措施比以往更加严格，除了纽交所自己的安保雇员，还加派了合同工以及纽约警察。"9·11"事件可以看作纽交所安保措施的一个分水岭，根据奥利弗回忆，在此之前纽交所对公众开放，在某个入口处设立了游客中心，但此后纽交所关闭了这一通道，只有受到内部员工或交易员邀请的人，或者前往纽交所接受媒体采访的人，才能进入交易大厅。而且，要想进入交易大厅，还需要再经过一层门禁，门禁处永远都有工作人员或保安看守，未经允许不准擅自进入。

第九章　真正的华尔街英雄

奥利弗展示纽交所给他颁发的证书，上面写着：
"表彰奥利弗疏散纽约证券交易所世界贸易中心办公室所做出的贡献"

我问奥利弗"9·11"事件改变了什么，他想了想说，应该是大家更加小心防范了，"9·11"事件已经过去了这么久，但华尔街的安保从未有一丝一毫的松懈。安保人员只认出行证，就算跟保安再熟，如果你没带出入证，他也不会放行。这还只是第一关。第二关是在楼内入口处，进入者还需要走过一个安检门，随身物品也会经过 X 射线安检仪扫描。

"我在纽交所工作的这些年，基本上没什么事情发生，我觉得这是一种幸运，因为大家希望上班的环境能安全，不是吗？"奥利弗反问我。

为了加强安保，奥利弗选择每天在不同的地方站岗，他并不会提前知道第二天的岗位在哪里，而是由警长主管当天下达通知。在

亲历纽交所

美国前国务卿希拉里·克林顿与奥利弗合影
（由奥利费本人提供）

我印象中，每周总能在大楼安检口两次看见奥利弗，他都会热情洋溢地跟我打招呼，提高嗓门就像要宣布一条重要新闻："看，最喜欢笑的女孩来了！"我总会不好意思地对他笑笑，不得不说，愉快工作的一天总是从见到他开始的。

"纽交所对你来说意味着什么？"这个问题我问过很多交易员，但我特别想知道他的回答。

奥利弗想了想，说："这里意味着努力工作，过上富裕的生活；意味着帮助别人，将大家汇集到一起。大家总认为纽交所都是有关

第九章　真正的华尔街英雄

金钱的,但其实并非如此。纽交所只是将人们的想法汇集到一块儿,一起去赚钱,一起去扩张事业,一起成为朋友。这是一个很棒的工作场所。说真的,我有些怀念它。"

"或许有一天,我真的会回来。谁也说不清以后的事情,不是吗?"奥利弗笑笑。我看着他,真心盼望那一天能到来,他就像纽交所的保护神一样,早已经成为纽交所不可分割的一部分。

第十章
华尔街上的中国人

人生有各种活法，但似乎对他而言，各种活法他都经历过，各种滋味他都品尝过。他的一生历经坎坷，最终练就了他兵来将挡、水来土掩的淡定气质，他可以做到与世无争，但他的位置没人可以轻易取代。

人生从来没有一个所谓更轻松的阶段，每一个阶段或状态都存在其特定时期或环境下赋予的特点，就如同养育一个孩子，每一步的成长都有新的困难和挑战。一生中，你都要处理不同的难题。时间不会等你慢慢去接受挑战，你只能一路披荆斩棘朝前奔跑。

没人会相信安德鲁·洪（Andrew Hong）今年已经70岁了。

安德鲁，香港人，身形瘦削但异常健朗，他的鼻梁挺直高耸，深邃有神的眼睛明若朗星，一眼望去，这位东方人的面庞竟与希腊雕塑有几分相似。可能是早年在香港长大的原因，或是在美国待得太久，他的普通话虽然流利但不太标准，时不时夹杂一些英文单词。虽然工作在华尔街，但他总是习惯背着双肩包上下班，看上去比公文包有活力多了。

我在纽交所交易大厅的媒体专用座位，离安德鲁的办公区域很近，每当他拿着水壶走到我身后的饮水处接水时，都会和我打个招呼，寒暄几句。那时，我的座位周围都是纽交所的交易员，于是，两个中国人之间的中文对话显得相当亲切。

安德鲁曾是自学成才的会计师，当过中餐厅服务员，做过首饰烧焊，开过珠宝店，但同时，他还就职于数家华尔街金融巨头。在他的简历上，有顶级投行高盛、美国证券交易所、纽交所的就职经历，他现在就职于全美资产第三大银行——富国银行（Wells Fargo）。他初中都没毕业，便辍学外出打工，人到中年，不服老的他

亲历纽交所

又通过自身的勤奋努力跻身无数精英学子心向往之的华尔街，并站稳了脚跟。

人生有各种活法，但似乎对安德鲁而言，各种活法他都经历过，各种滋味他都品尝过。他的一生历经坎坷，最终练就了他兵来将挡、水来土掩的淡定气质，他可以做到与世无争，但他的位置却没人可以轻易取代。

我问他，纽交所经历了几轮大裁员，为什么他能一直保住饭碗？他摇摇头说不知道，可能是因为自己工作很拼吧。他本计划离开纽交所后就去享受退休生活，但因家庭原因不得不再次扛起财务重任，重新在这个竞争残酷激烈的行业打拼。他现在担任富国银行的执行服务工程师（Executive Service Engineer），几年前在纽交所的技术部门，安德鲁从事的也是类似的工作。

安德鲁·洪

第十章　华尔街上的中国人

从零学起的 15 岁会计师

"我们这代出国的人，每个人的活法基本一样。自费或公费出国留学，毕业后回国或留下来找工作，然后就是所谓的'成家立业'，都是这个特定时代的复制品。"我向安德鲁抱怨着自己的生活，循规蹈矩让我失去了冒险精神，也经常无视生活对我的馈赠。

安德鲁略微点了下头，说："其实在人生每个不一样的阶段，你都不知道未来会怎么样。我 14 岁就出来打工，初中都没念完，就当会计了。"我瞪大眼睛，以为自己听错了。

13 岁那年，父亲的生意惨遭意外，一年遭遇了三次火灾，家产几乎全部烧光。家境艰难，眼看母亲四处借钱供他上学，安德鲁的心里说不出的难过，便决定从初中辍学，到外面找工作，那年他只有 14 岁。

安德鲁的第一份工作简历是由他家的租客帮忙递交的，那对夫妻人很善良，先生在香港政府机关做事，他所在的部门正在招勤杂工，还算幸运，安德鲁得到了一个宝贵的面试机会，但 14 岁的安德鲁的社会经历如同一张白纸，自然没被录取。帮他递简历的叔叔教导他："人家问你什么都要说懂啊！"安德鲁有点困惑："我实在不懂怎么办？"叔叔回答："只要你进去了，人家自然就会教你了。"

第二次机会很快就来了，一家印度进出口公司对外招工，招聘负责送信的勤杂工。这一次，安德鲁吸取了上次的教训，顺利过关获得了第一份工作。工作一年后，那位房客叔叔提醒他："不要整天待在办公室里当勤杂工，要努力找别的工作。大不了就是去学！

怕什么？"安德鲁听从了长辈的建议，开始继续找工作。这一次，一家公司招会计师，他想也没想便去应聘。

面试闯关成功，但安德鲁对应聘的会计岗位一窍不通，临上班的那个周末，他跑到图书馆翻阅有关会计的教程，专业名词如同天书一般，哪里是一个周末能看明白的，他心里着实发愁。上班第一天，老板直接把一个重要任务交给他："报税时间快到了，你这两天就要把这些账目都做好，拿去给会计师。"安德鲁昏天黑地做了两天账，头昏脑涨，但一点眉目都没有，最后他只得硬着头皮把账目交给会计师，低着头说："我实在搞不定，你帮我看看吧。"会计师看了半天，对安德鲁说："别说你看不懂，连我都看不懂。乱七八糟的，你还是从头做起吧！"

安德鲁当场傻了眼："这是两年的账，我哪能在一周就搞定？"

会计师人很好，对他说："没关系，你下班过来。"

下班后，会计交给安德鲁一份表格，手把手教给他最基本的会计知识。就此，安德鲁对会计形成了基本的认知和理解，实践几番再去看教科书，也就一目了然了。一接触会计工作就处理了最难的内容，安德鲁掌握了处理乱账的经验。那时在香港可以考英国的会计证书，安德鲁白天上班，晚上上课，硬是把这个证书考了下来。

拿到了会计证书，安德鲁的底气也就更足了一些，他将目标瞄向了下一家公司，他一定想不到，这个跳槽的决定最终把他带到了美国，改变了他的一生。

第十章　华尔街上的中国人

比大学生都能干的小学生

这一次，安德鲁的应聘过程很顺利，他在应聘的时候直接把工资提到了一个月 500 港元，而当时香港的平均工资也不过 300 港元。"好，下个月你就来上班。"会计部主管爽快得很。但始料未及，自信满满的他却在上班伊始被泼了冷水。

安德鲁连初中都没毕业，老板自然对高薪聘用他感到很不满意，他对会计部主管破口大骂："这份工作连大学生都做不来，你找个小学生来！"

被人瞧不起，是说不出的难受、愤怒和自我怀疑。无意中听到老板与主管对话的安德鲁，顿时火冒三丈，如鲠在喉。他想立刻拍桌子走人，但转念一想，如果现在就离开，那岂不是彻底被人看扁了？不行，首先得证明自己行，然后再辞职。

他决定就当什么也没听到，一头钻进已经积了两年的账簿中。一个星期的时间，安德鲁就把公司两年未清的账目全部整理好了。他拿上做好的财务报表给老板，老板看完吃了一惊："不错！"

安德鲁紧接着说："那就麻烦你给我算薪水吧。"老板听了一头雾水。

"你不是嫌我是小学生吗？那你就去找大学生来做吧。"安德鲁并非赌气，他想理直气壮地离开公司。

老板连忙挽回："你不要小孩子气嘛！我只是看之前那些大学生都做不来。"

安德鲁干脆和老板摊牌："你看这份账，公司已经撑不过 3 个月了！"

或许是被说中了心事，老板反倒开始向他请教："那你觉得我们应该怎么做？"

安德鲁索性一吐为快："公司需要大裁员。"

老板愈加欣赏眼前这个年轻人："这样，你别做会计了，你来做经理吧。"

当时公司里有90%的员工都是外国人，包括英国人、法国人和意大利人等，工资都非常高，导致公司的收入与支出严重失衡。老板见安德鲁分析得有理，再加上他的工作能力强，直接让他接替了会计部主管的位置，公司上下配合安德鲁的裁员行动。于是，19岁的安德鲁便开始大刀阔斧进行改革，80多人的公司走了60多人，最终帮公司稳住了亏本的趋势，躲过破产的危机。

曼哈顿钻石街的华裔匠人

后来，公司老板成功拿下了英国石油公司（BP Amoco）的代理权，开始做代理石油的生意。紧接着，老板又产生了开银行的想法，当时有一家美国的银行准备破产，康涅狄格州有两家大银行愿意借钱给老板，希望他能把这家即将倒闭的银行买下来，并且借款只收取1%的利息。老板心动不已，便带着安德鲁来到美国，此时是1977年，安德鲁最开始的工作是做预算。做完之后安德鲁就劈头盖脸地把老板说了一顿："两家银行情愿把钱借给你，让你来买银行，而且只收1%的利息，人家为什么要这样做？那一定是它们既没把握把这家银行做起来，也不想承担那家银行运营的损失。他们看你的银行账户里有1 000万美元的存款，所以才找到你。"老板不相信，又花了 60 多万美元找了美国当地的会计公司来核算，会计公司花了七八个月的时间得出了结论：需要做 23 年，这家银行才能回本。

收购银行的事情最终不了了之，此时，英国石油公司又把公司代理权收了回去，老板离开康涅狄格州去了洛杉矶，留下安德鲁一个人。

在康涅狄格州找不到工作，安德鲁跑到了纽约，先找了一份餐厅服务员的工作。"我在那里通过朋友认识了我的太太。那时餐馆生意一年比一年差，生活变得再次艰难起来。"刚结婚不久，他又面临着更为紧迫的家庭温饱问题。

安德鲁的太太在珠宝店打工，结婚后便独自开了一家店，帮人加工首饰。安德鲁随后也辞了餐厅的工作，和妻子一起经营首饰店。他们的店开在曼哈顿有名的钻石街，从 1981 年到 1995 年，一做就是 15 年。在曼哈顿闹市区开店并不代表生意一定会红火，但至少能维持安德鲁一家的生计。"有一段时间我们已经在圈子里很有名气了，甚至还帮蒂凡尼代工。我们当时是做珍珠锁头，行业术语叫'穿珠'。"

1995 年，他们在康涅狄格州买的房子发生一起命案，所有租客都搬走了。没了租客，珠宝代工赚来的钱根本不够还贷款。安德鲁苦笑着说："律师建议我离婚，把房子转到我太太名下，这样才有希望保住我们的房子。"

人生不怕从头再来，40 多岁上大学

生意破产，与太太离婚，有两个孩子要抚养，前方的路要怎样走下去？40 多岁的安德鲁做了一个令人大跌眼镜的决定：他要去念书。

亲历纽交所

他的经历总与年龄严重不符，14岁开始工作，40多岁又回归校园。"我的朋友都说我是神经病，40多岁了，还要去念书?!"安德鲁却没觉得这计划不可行。在人生最迷茫的阶段，读书充电恐怕是最好的选择了。就这样，中年安德鲁考取了纽约理工大学，4年本科毕业后，又在学校的商学院念完了研究生。其间，他还为商学院新开的甲骨文实验室打工，一周工作20个小时，学校为此帮他支付了研究生学费。

"要说我这一生的转折点，恐怕就是读研期间了。"安德鲁说道。由于他成绩优异，头脑又不错，商学院的院长把他推荐给高盛的副总裁。1999年，当许多毕业生都在为找工作而焦头烂额时，安德鲁以实习生的身份轻松踏入这家全球顶级的投行。

"我一边继续读研，一边在高盛实习，1999—2000年，我的时薪是25美元，一周工作20个小时。"高盛对公司的实习生和正常员工一视同仁，要求一样严格。安德鲁的工作岗位叫作系统管理员，为公司内部员工创建账户。安德鲁解释说："当一名新员工进来，需要根据他的工作类型给他开设账户，把他需要的程序放进电脑里面。我们需要通过人工逐一完成这些工作。完成一套账户设置通常需要一天的时间。"

安德鲁显然并不满足于如此机械化的工作，他更希望自己的工作能包含更多的意义。他主动找到经理，问他是否可以用Perl语言写程序，实现自动为员工开户的功能。Perl在当时还是一个新兴的计算机程序语言。经过经理的允许，他便开始课后学习Perl语言，练习写简单的代码。"我把写好的代码放到电脑里修改内容，发现可以用，感到很兴奋。之后，我创建了一个新的账户，只要输入一

第十章 华尔街上的中国人

个指令，机器就会自动建好内容，过程只要几秒钟。"安德鲁现在想起这件事仍然兴奋不已，"平时需要大半天才能创建一个账户，到后来只需要几秒钟。那时我们有4个人在负责那项工作，结果一到下午我们就都没事做了。"

后来，安德鲁接到一个猎头公司的电话，说交易技术公司Nyfix正在招全职员工做"FIX"。当时FIX是一种很新的东西，FIX即金融信息交换协议（Financial Information eXchange），Nyfix的老板对安德鲁说："如果你过来，我们就教你FIX。今后金融行业都会用它。"

"反正大不了就是学嘛，怕什么？"时至今日，这句安德鲁在15岁时收获的忠告依旧铭记在他心中。他不怕学习新知，现在的他更加渴望接触各种未知的新领域。不久，安德鲁成为Nyfix的工程师，年薪6万美元。

安德鲁2018年5月于曼哈顿中城

亲历纽交所

几经裁员风波，勤恳是最好的"护身符"

到了新公司，安德鲁发现这家交易技术公司和高盛有个相似点，就是输入信息全靠人工，第一浪费时间，第二很容易出错。他们工作小组一共9个人，负责更新客户的信息，每个客户的信息都是大同小异，主要的区别只是在于姓名、IP地址等内容。刚一开始，由于公司只有400多名客户，平摊到9个人身上，每个人负责40～50个客户信息。数量虽不算多，但客户信息的内容几乎一模一样，编辑几条信息后就会令人头昏脑涨，更要命的是，如果在输入信息时填错了地址或其他内容，由于不兼容，第二天就没法开机了。2001年时，电子化交易已经出现，纽交所的交易员们不再通过纸笔进行交易，而是要利用计算机和软件。安德鲁的工作，就是为这些交易员提供计算机和软件。如果因为人工输入信息错误导致无法开机，给交易员造成的损失相当大。

在Nyfix工作了6年，安德鲁编写程序，将这些工作全部实现了自动化，他用上了读书时所学到的东西，直到他离开公司时，组里同样是9个人，但他们可以提供服务的客户数量已经达到上万。从几百到上万，这是质的区别，安德鲁用了6年的时间和精力实现了这样的飞跃。

"虽然不是名义上的，但我在公司相当于部门的领导者。大家碰到任何没法解决的问题，都来问我。而我要做什么事情，不管其他部门是否同意，我的经理都会帮我争取权限。我那时的日子过得舒服得很。"

虽然为公司立下了汗马功劳，没人能取代他，但安德鲁还是对

第十章 华尔街上的中国人

自己的职业发展有着更深远的规划。当时，美国证券交易所买下了 Nyfix 的一个交易系统，需要后者提供一位技术支持，安德鲁主动请缨，加入了美国证券交易所。他自信满满、雄心勃勃地跳槽到美国证券交易所，期待能在新领域大展身手。没想到，事态的发展并非如他所愿。

刚到美国证券交易所时，安德鲁准备负责 Nyfix 所提供的交易系统，但他运气不好，有人替代了他的工作，安德鲁的工作被架空，没有任何事情可做。"当时我有心理落差，也怕被炒鱿鱼。但他们也没开除我，因为完不成的工作和解决不了的问题最后还得找我。其他部门也会请我帮忙。"

2008 年 1 月，纽约－泛欧交易所集团（NYSE Euronext）以价值 2.6 亿美元的纽交所普通股票收购了美国证券交易所，同年 10 月 1 日完成收购。安德鲁由此成为纽交所的员工。

"并购期间一定会有裁员吧？"我问他。

"是的。我们那组有 10 个人，只有我一个人到纽交所来了。"他点头。

"因为只有你懂程序？"

"不知道，我想不是这样的。也许是因为我在美国证券交易所的时候，领导每年给我写的年终评价都还不错吧。到了纽交所后，虽然公司给我分配了部门，但前三个月部门领导都不给我事情做，我发信问他工作任务，他也从不回复我。"

刚到纽交所的安德鲁，还来不及熟悉新环境，就被塞到了大厅楼下的房间里，电脑无法与交易大厅的机器相连，也见不到领导，他每天上网看报，只得"混日子"。被公司孤立起来，是一个可怕的信号，特别是在纽交所裁员风波不断的背景下。几经辗转，他转到了连通部门工作，希望能有些用武之地。那一年，他已经60多岁了。

"转到新部门后，我发现他们很多流程都没有效率，一个电话打进来，工作人员要花一个钟头找消息。于是我就开始帮他们写程序，把这些问题都解决了。"由于安德鲁将很多工作流程都实现了自动化，他们小组接的活儿也就慢慢变多。"本来纽交所的分工是很细的，每两三个人负责一个系统，包括安装、设置和技术支援，后来这些工作内容都压到了我们三个人身上。因为一切工作实现程序化了，三个人足以承担这些任务。"安德鲁引入了自动化流程，他们不仅能超额完成任务，每天甚至还有时间聊天看报纸。

安德鲁在纽交所技术部门主要负责客户的技术支持，他们的客户以交易员为主。如果一条交易线路出现问题，他就需要检查线路，解决问题。而对于那些设备在纽交所，系统在自己公司的交易公司来说，如果线路出现问题，安德鲁就要去排查问题出在什么地方。

虽然在纽交所的工作状况不尽如人意，但纽交所一波又一波的裁员，让安德鲁不敢请假。"金融业的几轮大裁员，您一直都在公司未受影响，为什么？"

"我觉得最重要的是，出来做事，你要让人家觉得需要你，虽然并不是没有你不行。"安德鲁回答。

安德鲁在纽交所工作时，他的工作地点离我仅数米之遥，他永远是埋头做事的人。虽然勤恳工作没有让安德鲁获得应有的尊重和回报，但成了他的职场"护身符"。

第十章 华尔街上的中国人

在最终离开公司之前,安德鲁将所有经验和知识都逐一教给了部门经理。"为什么还要教他?"我有些愤愤不平。"公司付钱给我,我就要帮公司做事。"这是安德鲁的观念。

安德鲁在空无一人的纽交所交易大厅

华裔头上的 "天花板" 令人无奈

2015年3月,安德鲁离开了纽交所。接着花了半年的时间,面试了六十多家公司,终于在10月份获得了富国银行的全职工作。"经理对我很满意,只对一点感到担心,就是我年纪很大了,害怕我没办法和年轻人一起做事。我告诉他,我一向都是同事中年纪最大的那个。"那一年,他67岁。

安德鲁的工作态度从未因公司改变或自己的年纪而有过任何松懈。他每到一处,都会高效完成任务,或者让完成工作的方式变得更高效。"我刚进富国银行工作了一个月,我的高级领导就写了一封邮件对我的工作表示感谢。我在纽交所做了那么久,工作的内容更多,但从没人感谢过我。"

"终于有人能认同并尊重您的努力。"我由衷为他高兴,这是他应得的。

"对。"他点点头。

其实,安德鲁在金融界多年的工作经历并非个例,华裔在美国遇到职业瓶颈本来就是一个普遍现象。

安德鲁第一天进美国证券交易所时,一个年纪较大的同事曾找他聊天,问他是否打算长期在那里工作。安德鲁点头表示肯定。对方说:"那你听我一句劝,从今天开始,你不要做任何事。"

"为什么?"安德鲁不解。

对方回答:"你做的事情越多,犯错误的概率就越大。"

讲到这里,安德鲁笑了起来,掺杂着无奈的苦涩。

"所以中国有句话是不求无功,但求无过。"我试图替他总结一下。

"对。当时在纽交所就是这样,别人来找你做事,并不是真心求你帮忙,只是把一个包袱甩给你。将来如果要背黑锅,就让你去背。我在金融行业几十年了,这个现象依然没有改善。"

"您想过落叶归根吗?"我抛给他一个现实又残酷的问题。

"不回去了,应该就在美国终老了。来美国这么多年,回去一个朋友都没有了。"安德鲁回答。

安德鲁有两个孩子,大儿子30多岁,小女儿已经念完了两个研究生学位。有一天,纽交所在交易大厅为内部员工办冷餐会,小

第十章 华尔街上的中国人

女儿来找安德鲁一同回家。安德鲁背上双肩包,与女儿有说有笑地穿过交易大厅,宛如一对亲密无间的好朋友,乘着月色走进了人群中。

我最后还是忘了问安德鲁,哪件事让他感到幸福,但当我回想起那一幕,我觉得已经得到了答案。

第十一章
始终战斗在华尔街的最前线、首位进入交易大厅的华人主播

"9·11"事件给全球媒体带来了前所未有的挑战,谁家的新闻报道最快、最准确、最全面,谁就能脱颖而出。凤凰卫视的所有目光都"望"着大洋彼岸的她。她根本没时间顾及自身的安危,只想着如何不与总部失去联系,如何在第一时间把现场的消息传递出去。为了避免被保安赶出楼外,她甚至藏在桌子底下抱着电话做连线。事后回想,为了以最快速度传递消息,她差点儿就和死神打了照面。从她放弃最佳逃生时机,抱着电话钻进办公桌底下的那一刻,从网络、电源等一切设备完全被切断的那一刻,她选择驻守在硝烟四起、烟雾缭绕的华尔街,也许连她自己都没有察觉,她已经在新闻和生命两者中做了一个下意识的选择。

2001年9月11日,纽约时间上午8点46分,当第一架飞机撞向世贸中心一号楼时,凤凰卫视的财经记者庞哲正在一街之隔的美国证券交易所化妆,准备开启一天的工作。猛然,她听到一声巨响,扭头往窗外望去,只见外面满天飞舞着纸屑,街上的人群神色慌张,世贸中心正冒着滚滚黑烟。完全出于记者的条件反射,庞哲立刻抓起电话联络凤凰卫视总部,告知纽约有重大突发新闻。和绝大部分亲历者一样,她原以为第一次飞机撞击大厦纯粹是一场事故,全然想不到还有第二架飞机正飞向世贸中心二号楼。在一号楼被袭击后仅24分钟,凤凰卫视主播吴小莉就在《时事直通车》中将这条消息报道出去,刚诞生不久的凤凰卫视资讯台由此一鸣惊人。

"9·11"事件给全球媒体带来了前所未有的挑战,谁家的新闻报道最快、最准确、最全面,谁就能脱颖而出。凤凰卫视所有的目光一时间都"望"着大洋彼岸的庞哲,她是凤凰卫视唯一在现场的记者。但此时此刻的庞哲,正身处一个真正意义上的前线。由于美国证券交易所离出事地点近在咫尺,那里成了最危险的地方,每个人都在想办法尽快逃脱现场。

庞哲却根本没时间顾及自己的安危,她只想着如何不与总部失去联系,如何能在第一时间把现场消息传递出去。为了避免被保安赶出楼外,她甚至藏在桌子底下抱着电话做连线。事后回想,为了以最快速度传递消息,庞哲差点儿就和死神打了个照面。从她放弃最佳逃生时机,抱着电话钻进办公桌底下的那一刻,从网络、电源等一切设备完全被切断的那一刻,她选择驻守在硝烟四起、烟雾缭绕的华尔街,也许连她自己都没有察觉,她已经在新闻和生命两者中做了一个下意识的选择。她和那一刻的消防员与警察一样,也是逆向而行的成员之一。她用忘我的敬业精神,坚守了记者应有的使命。因为庞哲,凤凰卫视资讯台成了第一家报道"9·11"事件的华语媒体。

十余年后,庞哲再次回忆起当时的情景,她觉得自己那时的做法再自然不过了,记者的使命就是把看到的事情告诉大家,如果遇事自己先溜了,那还怎么传递新闻?她也将这份功劳归于凤凰卫视的每一位同事,她说:"其实这件事并不是我一个人就能完成的。当我打电话到编辑台时,如果值班编辑刘荔说现在正在直播,让我等一会儿,那这件事就做不成。如果刘荔请示领导时,王纪言说不行,最起码要等第二个资源来证实这件事,那么这件事也做不成。而在那时,凤凰卫视高层刘长乐也同意立刻直播。如果他们的决断不够快,或者对我不够信任的话,我们就不可能在第一时间播出这条新闻。所以,这是团队努力的结果。"

其实,庞哲的心里总是有一份英雄主义。真正影响到她职场选择的是一部名为《琼斯镇惨案:人民圣殿教的兴亡》(*Jonestown*:

第十一章　始终战斗在华尔街的最前线、首位进入交易大厅的华人主播

The Life and Death of Peoples Temple）的纪录片，它揭露了发生在南美洲圭亚那琼斯镇的集体自杀及谋杀事件。1978年，美国众议员利奥·瑞安（Leo Ryan）为调查对一个邪教的指控，带着3名记者来到南美洲圭亚那的琼斯镇。在调查过程中，瑞安意识到了他们所处的危险处境，在他准备带着同伴及几名信徒乘机离开时，被邪教教主吉姆·琼斯（Jim Jones）派出的武装人员追杀，不幸遇难。11月18日当晚，琼斯又胁迫追随者与他一起自杀。最终，邪教的900多名信徒集体自杀或被杀。这就是震惊全球的"人民圣殿教惨案"。庞哲彻底被这部纪录片震撼了，如果没有新闻工作者用生命换来的真相，那么这起恐怖事件恐怕永远都不会被外人所知。庞哲意识到记者职业的崇高与重要，她也萌生了想要成为记者的想法。

庞哲将她想当记者的想法告诉了好朋友，朋友反问她："记者这行不是很危险吗？"庞哲说："是，但我想从事这个职业，我也有故事要讲，虽然不一定是同样的故事。"朋友说："如果你认为它值得追求，那么我百分百支持你。但是，你的未来会非常艰难，会有很多困难，也不会变得富有。"20多年后，回想朋友当初的提醒，庞哲大笑着说："全部被说中了！"但令人敬佩的是，庞哲继承了那些拥有伟大职业操守的记者的衣钵，她冒着生命危险传递了"9·11"事件的消息。

要做，就做最优秀的

庞哲一直是我的职业偶像，她拥有一切我渴望具备的记者素养：专业、勤奋、激情和美丽。我第一次碰到她，是在纽交所12

亲历纽交所

庞哲

楼播出部的电梯口。电梯门打开，刚迈出电梯的我定睛一看，面前等电梯的人，不就是我常常在电视里见到的庞哲吗？我内心如小鹿乱撞，激动地向前快走了两步："庞老师，我经常看您的节目！"庞哲一点儿架子也没有，赶时间的她一边走进电梯，一边伸出一只手指向我，笑眯眯地对我说："我也在电视上见过你哦！"在我看来，那是前辈对晚辈最温暖的鼓励。

我与庞哲相约的采访，安排在一个春天的周六下午，我们在纽约皇后区情调别致的森林小丘找了一家咖啡店，坐在店外一边喝咖啡，一边聊天。微风徐徐，樱花在路边悄然开放，这正是纽约最美的季节。

没有过多寒暄，我俩迅速进入采访状态，这是专业记者之间很

第十一章　始终战斗在华尔街的最前线、首位进入交易大厅的华人主播

自然地模式切换。我对她来美国后的一切经历都感到好奇："您很早就来美国留学，为什么选择留在美国？"

庞哲的第一句话就让我吃惊得很："我小时候是一个很调皮捣蛋的孩子，最不喜欢上学。当我告诉父母，我不想考大学时，他们又着急又觉得丢人，于是把我带去见一个在台湾做生意的叔叔，想让叔叔开导我。叔叔给我提出一项挑战，让我自己考托福到美国念大学，如果我失败了，那就说明我属于那种大事做不了、小事又不愿意做的人。我这人就听不得对我的否定，于是我的斗志立刻被激发出来了，我开始拼命备考托福，申请学校，最终获得了美国惠蒂尔学院的录取书。"

惠蒂尔学院是一所历史悠久并颇具名望的私立大学，位于加州洛杉矶。20世纪80年代末的美国大学，远没有今天这么多的中国留学生。那时的留学生普遍有两个特点：第一，"自己人"少，遇到的中西文化冲突较大；第二，日子艰苦，大多需要通过课外打工挣生活费。刚踏上异国他乡的庞哲就发现，迎面冲自己扑来的是双重压力：第一是繁重的学业压力，她的文化基础相对薄弱，再加上语言障碍，美国的大学完全不是自己想象中的美好世界；第二是来自民族感情的压力。进校时，一名即将毕业的中国学生主动找到庞哲，和她进行了一次长谈。大学四年以来，作为全校唯一一名中国学生，他一直打工挣生活费，甚至为了省些住宿费而一度住在图书馆里，但他的成绩始终在班里排名第一。他将自己的奋斗经历告诉庞哲，并对她说："庞哲，现在我要毕业了，你来了，你不能给我们中国人丢人。"学长的话，是激励，更是一种压力。庞哲感到自己接过了一个重量级的接力棒，过去在家里那种桀骜不驯的

感觉一下子消失了。她不仅要为自己争口气，而且还要为中国人争气。

很多时候，越是叛逆性格的人，骨子里越是不服输。"我用三年半的时间念完了四年的学业，成绩始终都是拔尖的，同时我也去打工，帮一位学校的中文老师改作业。"自从到美国上大学后，庞哲走出了过去"少年不识愁滋味"的状态，一切都朝着"第一"奔去。在她的人生字典里，没有服输，没有凑合。而大学经历为她今后的事业奠定了相当重要的基础。"从那时起，我建立了一个信念，要做就做最好的，要不就不做，否则不配得到机会。同时，思维方式很重要，我需要打破常规，做任何事都要提高效率，力求指数式的进步，而不是线性的进步。"

社会竞争很残酷，吃亏是福

事实上，在接触媒体之前，庞哲从没想过要当一名新闻工作者。她最初的梦想是当一名国际信贷员，为全球最贫穷的国家提供贷款。进入大学后，她的新梦想是去做酒店管理，为筋疲力尽的游客提供舒适的休息场所。毕业时，她的想法是当一名会计，甚至在她已经成为一家华人电视台的主持人时，她还对会计的职业设想念念不忘。

"我一直对会计专业很感兴趣，所以我去那家电视台上班时，告诉他们我不仅要做主持人，还想做会计工作。我总惦记着要学以致用，所以经常去帮电视台查账看账，结果我发现电视台有很多税都没交。于是，我跑去告诉老板，提醒他没缴税。老板被我气得喘

第十一章 始终战斗在华尔街的最前线、首位进入交易大厅的华人主播

不上气来,说雇用我不是请我去查账的,让我乖乖做节目,否则就走人。于是我到那家电视台工作还不到一个月,就赌气走了。"

后来,庞哲接到电视台同事夏导播的电话,劝她回去做节目,别耍小孩子脾气。庞哲想了想,在家闲着也是闲着,而此前一个月的工作经历激发了她对做电视节目的兴趣:制作电视节目是一件极富创意和挑战的事情。庞哲下定决心跟夏导播好好学习。

电视台当时缺一个摄影师,曾在央视工作过的小李前去应聘,夏导播与他沟通后告诉老板,说小李是个做摄影师的人才,老板与小李沟通后,出乎意料地决定解雇夏导播,因为小李既可以拍摄,也有能力当导演,这样就不再需要夏导播了。得知这个消息,庞哲决定站在夏导播这边,也向老板提出辞职,迫使老板重新聘用夏导播。最后老板回心转意,此时庞哲也意识到电视工作的不易。

"其实,与小李一起工作给我创造了许多学习的机会,因为他什么都让我做。"庞哲刚开始感觉工作压力很大,但转念一想,这不正好是学习的机会吗?庞哲接着说:"我们请嘉宾来到摄影棚,他就指挥我去摆灯光,又让我去控制室调音,其实我也有很强的好奇心,借着机会学习,最后把摄影棚的技能全学会了。"

还有一次,庞哲和小李一同去拍一个华人参政的新闻,在场的另一家媒体因为摄影师突然病了,便找到小李,出加倍的工钱请他帮忙。小李让庞哲一个人扛上机器,开始教她拍摄的技巧:"你进会场以后,就这样左扫、右扫,别喘气,五秒钟,然后再把镜头转过来对着台上的人,镜头拉近,别喘气,五到十秒,然后再把镜头拉远,别喘气,五到十秒。谁讲话,就对着谁拉近镜头,五到十秒。最后我再回来给你拍个出镜,抓个人让你采访,这条新闻就做

完了!"

庞哲按照小李的方法独自扛着机器拍完了新闻，回到台里一看回放，发现自己拍得不错，画面很饱满，并且还非常稳。就这样，初出茅庐的庞哲在很短的时间内就掌握了电视制作台前幕后的要领。

对于职场新人来说，学习的过程总是跳出舒适圈的过程，同时，还需要有愿意吃亏的心态。

第一位站到交易大厅的华裔主播

如果说在洛杉矶中文媒体的"触电"经历算是小试牛刀，那么纽约才是庞哲财经新闻生涯的起始点。那时，她正在香港一家电视台担任财经记者，电视台混乱的管理方式时常让她不满，电视台总编辑对她说："要做财经记者就应该到纽约去，那里是全球的金融中心，如果没去过，很难称得上是一名财经记者。"庞哲听取了前辈的建议，只身来到纽约。而她的职业生涯，才真正开始腾飞。

那家电视台在纽约设有办公室，并在纽交所设置了报道机位，但出镜机位在交易大厅上方的走廊上。庞哲到了纽交所后，发现美国记者都在交易大厅做报道，于是她跑去问纽交所："为什么我们不能去交易大厅出镜？"没想到，纽交所回答说："因为你们从来没要求过啊。"庞哲进一步问："如果我提出要求，就可以实现吗？"对方答："为什么不呢？你们不是记者吗？"

只要不影响其他人，那就去为自己争取一切。

庞哲是幸运的，那时的纽交所正在理查德·格拉索的带领下，

第十一章 始终战斗在华尔街的最前线、首位进入交易大厅的华人主播

张开双臂欢迎媒体的进驻。为了与纳斯达克对决，格拉索不仅将每日的开闭市钟变成了纽交所最重要的"表演时间"，也对媒体抱着开放的态度，希望借助媒体的力量在全球范围内推广纽交所的品牌。媒体的镜头将交易大厅如火如荼的股票买卖现场展现给全球的观众，纽交所的名气越来越大，也吸引了更多上市公司，那时正是纽交所业务爆发的黄金时期。

庞哲回忆起她刚进入纽交所的场景："那时纽交所对待媒体就像对待贵宾一样。我刚去的第一天，他们会花上一天的时间对我进行培训。首先是上午8点与交易所副总裁一起吃早餐，他会亲自讲述交易所的历史和金融知识，再给我培训的课程表，接着还会带我去交易大厅，告诉我交易厅和交易台的功能，股票代码和颜色变化的含义。总之，他们会花上一天的时间培训初来乍到的记者，目的就是希望记者的报道能够准确、及时、专业。"纽交所认为，只有让前来报道的记者具备必要的金融知识，才能对提升交易所的形象有所帮助，它尽可能地满足媒体的需求。

纽交所也对场内部分交易员进行了媒体培训，只有经过培训的交易员才能接受媒体采访。这个规定在我进入纽交所的时候仍然存在。首次进驻纽交所的媒体都会从纽交所公关手中拿到一张名单，上面列出了可以接受采访的交易员。所以，一般观众从各大电视台上看到接受采访的交易员，数来数去也就是那几张熟悉的面孔。对交易员来说，增加媒体的曝光率，对他们获得新客户有潜在的帮助。不过也有一些经纪公司不愿意自己的交易员接受媒体采访，他们认为这是浪费时间。

庞哲是第一位到交易大厅做新闻报道的华裔主播。刚进大厅的

时候，她感到压力特别大。整个交易大厅人声鼎沸，拥挤不堪，交易员工作起来都是分秒必争，作为"局外人"的记者，既不能妨碍交易员工作，还需要保证自己完成采访任务。所以，记者需要眼观六路，耳听八方。

站在交易大厅做新闻报道，和在演播室播报新闻的感受是截然不同的。演播室是一处专属的密闭空间，而交易大厅是实时新闻的发生地、一切消息产生的源泉。每当我站在交易大厅录制节目时，都会不由自主地被周围的气氛带动起来，变得紧张，并最大限度地将我的临场发挥能力激发出来。与此同时，无论是在大厅做采访，还是录制新闻，在身边来回穿梭的交易员以及遍布四周的股价显示屏，无时无刻不在告知大家，股票市场风起云涌，这里正在诞生新闻。

不过，财经记者在纽交所交易大厅展现光芒，应该是在20世纪90年代末，首位站在交易大厅的记者玛利亚·巴尔蒂罗莫（Maria Bartiromo）让媒体的报道变得耀眼起来。她在做直播报道的时候，交易员会直接走到她面前，将一张小纸条递给她，她对着镜头直接将纸条上的内容告知观众，比如"现在卖单超过买单"，在网络尚不发达的年代，收看她的新闻如同在电视上获取交易的"内部消息"，瞬间，玛利亚·巴尔蒂罗莫和她的现场报道就火爆起来，纽交所由此获得的关注也成倍增长。

记者最重要的素质是正直坦荡

谈到媒体行业，我与庞哲总是有聊不完的话题，无论是当今传

第十一章　始终战斗在华尔街的最前线、首位进入交易大厅的华人主播

庞哲第一次在交易大厅做节目，内心紧张

统媒体遭遇的窘境，还是未来媒体面临的挑战。在互联网的密集轰炸下，新媒体雨后春笋般应运而生，传统媒体却早已失去优越性和竞争力。无须等到记者开口，人们便能从网站、微博、微信等社交媒体平台上了解新闻。财经新闻或许是被颠覆得最严重的领域之一。如果说过去人们依靠财经新闻获取交易信息，那么现在财经新闻的价值不再是消息发布的速度，因为制作新闻的速度永远无法赶上网络社交媒体。于是，人们对财经新闻的关注点转移到了分析、

预测等更深层次的内容。人们需要媒体帮助他们对信息进行筛选和消化。

新媒体不断冲击并改变着传统媒体，传统媒体走向了艰难却笨拙的转型之路，尝试着多元化生产新闻，尝试着"互联网+"的方式。可是，无论外界环境怎样变化，真正的新闻人所具备的素质始终如一。我问庞哲，一名优秀的新闻人，应该具有怎样的品质？

她想了想，说："从事媒体职业，最重要的是职业道德。无论在什么情况下，作为一名记者都不能滥用自己特殊的位置去误导受众。我最憎恨这样的人。从老百姓到政策制定者，在他们都还不明就里的情况下，需要依靠记者的报道来获取信息，进行判断，做出决策。如果财经记者在关键的问题上误导了大众，投资者会亏钱，政策制定者会做出错误决定。"

一名优秀的记者，需要最大限度地避免主观色彩，尽力做到没有偏见、客观公正地报道新闻。这很难做到，因为这不仅意味着选题和内容的客观，也体现在用词的细节上。绝大部分时候，记者都应该尽量规避那些带有主观感情色彩的用语，但这在实际工作中很难掌握。

庞哲认为，记者最重要的素质是具备职业道德，正直坦荡，然后出类拔萃。任何情况，都应该确保新闻的真实与准确。从专业角度来说，至少要做到"三会"：会听，会问，会总结。什么是"会听"？在被访者回答问题时，要用心听，要听懂。不懂就要问，不能似懂非懂。只有懂了，才能采访到所需的内容。什么是"会问"？记者提问应该是互动，不应该只按照起草的问题单子原封不动问到

第十一章　始终战斗在华尔街的最前线、首位进入交易大厅的华人主播

底。因为被访人的答案可能会带来启发，从而产生新的问题。或者被访人的答案可能会是预先完全没有准备的新信息，这时就要立刻根据新的线索跟进，甚至可能要改变原来设定的问题。什么是"会总结"？首先，对报道的核心问题要透彻地理解。特别是财经新闻，一定要针对专业、逻辑复杂的内容捋顺思路，并以简单、易懂的语言向观众报道。新闻和专访的过程很重要，但是最重要的是内容的取舍。观众的认知来自记者的取材，记者的取材最终决定观众怎样理解事态发展。这就需要记者的职业道德来把关了。"做到这三点不太容易，需要经验的积累，需要动脑筋。"这是庞哲从事了几十年记者工作后的经验之谈，我认为，这是记者的"决胜宝典"。

无意识的创业者

加入凤凰卫视之前，庞哲成立了"庞哲工作室"，这是后来"华尔街多媒体"的雏形，后者将纽交所作为大本营，与中国内地不少电视台、互联网平台展开合作，提供华尔街金融资讯和深度财经分析报道。除了运营自己的媒体公司，庞哲还担任凤凰卫视的财经记者，工作非常忙碌。

"您认为自己是创业者吗？"我猛然意识到，眼前这位孜孜不倦奋斗在新闻一线的资深记者，其实也是一位多年运营公司的创业者。

"我是无意识的创业者。"庞哲笑了笑，她不认为自己适合创业者这个头衔，"我不是创业者，因为创业的初衷是要创一番事业，然而我的初衷是先求生存，继而做我喜欢的事情而已。"当初她无

法继续在疲于奔命的新闻环境下为人打工，但又想继续做财经新闻，成立工作室是她的折中选择。凭借在华人金融圈中的影响力，找庞哲合作的客户越来越多，最后正式成立了以公司形式运营的"华尔街多媒体"。

除了初衷不符合"创业精神"，庞哲对公司员工的要求和期待也显得与众不同。"'华尔街多媒体'这个平台的功能就是给那些刚毕业的学生提供一些机会，给他们一个舞台去发挥，勇于尝试自己想做的事情。如果非说我是创业者，那就是我奠定了这个平台，为大家开创了这条道路吧。"

庞哲的公司总部也常驻纽交所，我亲眼见证了这家公司培养又送走了不少出色的人才。一些人凭借在"华尔街多媒体"的经验，跳到了更大的媒体舞台，也有一些人在这里找到了更适合自己的职业方向。"华尔街多媒体"就这样不断迎来送往，庞哲则非常开心地看着大家成长。她不太像一位精明的领导者，更像桃李满天下的老师。"年轻人在成长过程中要做出很多选择，可能你最初的想法在真正实践之后发现并不是那回事儿，但很多人都没有机会去实践自己的梦想。我做的这个平台就是为那些想做媒体的年轻人提供机会，让他们去尝试。"庞哲借助与纽交所的良好合作关系，为自己的平台奠定了一个专业且独特的工作环境，心怀财经新闻梦的毕业生可以通过这个平台得到锻炼，增加阅历，并建立人脉。

尽管是创始人，庞哲在公司更多扮演的角色是服务者。"相当于大家毕业了就来我这里上一个'初级培训班'，打好基础，再去工作。但我也有很大的压力，因为我需要将公司运营下去，涉及各种税收和支出；我必须养活公司，让大家在美国有合法的工作身

第十一章　始终战斗在华尔街的最前线、首位进入交易大厅的华人主播

份，公司就需要挣钱。一般成立公司首先是看到市场和商业机会，再去建立盈利模式。但我不是这样的路线。"庞哲从来没有通过公司的收入获取利益，她将自己视为"华尔街多媒体"的无偿志愿者。

"如何能把一个晦涩难懂的财经事件言简意赅地告诉大众？"我抓紧这个难得的机会向庞哲请教专业上的问题。

庞哲将她在工作中的所知所悟毫无保留地分享给我："很多财经记者都有这样一个误区，就是在采访前总想把自己的问题设计得很专业，觉得这样很酷，其实这样做并不一定对。因为节目受众是非专业人士，你做的内容是给老百姓看的，如果大家都听不懂你的问题，你的报道还有什么意义呢？有人顾虑如果问得不专业，会显得自己很傻，但节目并不是关于你的，而是以所有观众为核心的。你考虑的应该是观众，而不是你自己。"

不过，这也同样要考虑细分受众的问题。庞哲认为，上述情况适于泛财经的内容，老百姓是主要观众，他们期望通过节目对财经事件或商业现象有所了解。但如果节目是讨论政策性问题，主要受众是学者，以及对财经有兴趣的特定观众群，那么采访和报道就应该尽量专业，不要让观众看完节目后感觉一无所获，浪费时间。作为一名财经记者，需要随时保持对新闻的敏感性，知道节目的观众群是谁，进而不断调整报道的内容和角度。

当我整理完全书15位被访者的文字后，我才突然发现，庞哲是本书人物中唯一的女性。或许，这个象征着金钱、权利、资本的华尔街仍旧是"男性称霸"，这里要实现真正意义上的男女平等，还需要一些时间。

第十二章
历经生死的普利策奖获得者、美联社摄影师

他在美联社当了近50年的摄影记者,可以说是美联社里最资深的记者之一。可当我问他,他在整个职业生涯中最焦虑的事情是什么?他竟表示他最担心第二天失业,失去收入保障。他的确时刻都在担心着各种意外的发生:"谁知道我第二天会遇到什么?我需要保障我的收入来源。"我继续问他,如何应对这个焦虑?他简短答道:"继续工作。"哪里有突发事件他就在哪里,大家甚至经常会忘记他的年龄。

虽然我们都说人能做一份自己热爱的工作是一件幸福的事,但我们看不到的是,那些被人们艳羡的幸运儿所面对的不为人知的辛苦和异于常人的毅力。拥有天赋的人不一定优秀,优秀的人往往需要拥有坚毅的品质。

71岁的美联社摄影师理查德·德鲁（Richard Drew）终于又来上班了。一个多月都没在办公室碰见他，我一度怀疑老爷子是不是秘密退休了。2018年新年伊始，我刚踏进纽交所的媒体中心，发现理查德的座位上终于出现了我期待已久的身影。

"哈，理查德！你终于来了！前阵子你去哪儿了？"我惊喜地问他。

理查德将视线从他的电脑屏幕上挪开，带着埋怨的语气对我说："你能相信吗？他们（美联社）强迫我休息了整整一个月！"因为假期堆积得太多，理查德被强制要求休假。

"去哪儿玩了吗？"我忍住笑接着问。

"没有。我基本上都待在家。本来上周计划去旅游，结果暴风雪终止了我所有计划。"话音刚落，理查德抬头看了看位于他正上方的电视，"看，切达（Cheddar，美国财经新媒体）使用了我的照片。这张，还有这张，都是我拍的。"作为摄影记者，理查德几乎报道过发生在纽约市乃至纽约州的一切重要活动和突发事件。这几天，纽约肯尼迪机场因水管冻裂导致机场大量旅客滞留，理查德被派到现场进行拍摄。

亲历纽交所

理查德个子不高,身材瘦削,胡子花白,深棕色的圆形镜片稍微遮掩了他那异常锐利的眼神。可能是出于职业的原因,他的背有些微驼,再加上时常戴顶棒球帽,一眼望过去就是一位典型的"小老头"。但凡纽交所有重大 IPO 或者股市出现大幅波动,他都会过来拍照,再把筛选好的照片上传,工作结束后他又会背着沉重无比的双肩包,手上拿着另一部摄像机或镜头,匆匆赶去下一个拍摄场地。每当他离开位于媒体中心时,从不选择坐电梯,而是迅速地走向楼梯。

理查德·德鲁

[马克·伦尼汉(Mark Lennihan)拍摄]

有时他的工作任务不多,便会在纽交所的媒体中心多待一阵子,一边看挂在墙上的电视一边自言自语发表评论。不看电视时,他会打开办公桌上的两个小音箱,听起音乐来。他也会直接趴在桌子上睡觉,这时整个办公室都能听见他的鼾声。虽然他是纽交所媒体中心里最年长的一位记者,但他最富有生活情调。他似乎从没想

第十二章　历经生死的普利策奖获得者、美联社摄影师

过何时退休,也不想退休,因为他从摄影师这份职业中获得了太多乐趣,也结识了很多朋友。

我和理查德第一次见面是在位于时代广场的纳斯达克演播室。2015年1月底,阿里巴巴的股价受假货风波的影响连连下跌,当时我正在演播大厅录制个股新闻,通过身后的电子背景墙向观众讲解阿里巴巴股价的实时走势。突然,一个瘦小的人影出现在我的视线里,对着我咔嚓咔嚓拍了好几张照片。录制结束后,这位摄影师向我走了过来,语速飞快地做了自我介绍,并递过纸笔让我写下名字和公司信息。几个小时之后,我果真在网上搜到了标记着我的相关信息的那张照片。我俩就以这样的方式认识了。

虽然理查德不常待在纽交所,但纽交所仍为他在媒体中心特别安排了一个座位。他呢,但凡有空,便喜欢向大家展示他的最新作品,津津有味地讲解每张照片的背景和来历。他也算是媒体中心的"灵魂人物"之一,甚至为大家解决了一大难题。位于地下一楼的媒体中心没有窗户,记者们最常交流的问题就是:"有人知道外面天气如何?外面雨下得大吗?"直到理查德告诉大家一个神奇的解决方式——通过一个直播视频网站实时查看华尔街的街景,以及观察游客是否打伞等方法来判断外面的天气。于是,媒体中心的各位记者,都用这个方法了解天气情况,然后再出门。

误打误撞的职业选择

理查德1946年出生在洛杉矶的阿卡迪亚(Arcadia),他并非从小就立志要当摄影师,甚至在他成为职业摄影师之前,都从没上过

和摄影相关的任何课程。他的摄影启蒙，可能仅仅是来自父母送他的第一台35mm相机，直到现在他还珍藏着这台相机。

理查德真正进入传媒这一行，还是一次偶然的机会。那天他开车去学校，当他路过一个路口时猛然发现一辆扫路车翻车了，司机被困在车里。理查德停住车，顺手拿起身边的相机拍了好几张现场照片。过了一会儿，当地报社的摄影记者赶到现场，便问他是否愿意把照片卖给报社："我给你两种选择。第一是我出5美元从你手中买下照片，第二个选择是我会在照片下方标注你的名字，并送你一卷新的胶卷，这样如果你哪天再碰上突发新闻，你还能继续拍照。"

那是发生在1966年的事，理查德并没有选择一次性赚5美元的便利，而是选择了那位摄影记者给他的第二个方案，并随后在报纸上看到了印着他名字的照片。从此以后，他总随时留意着周遭发生的一切，并将拍到的照片送到报社，就这样，理查德误打误撞地踏入了新闻摄影这一行。

理查德工作的第一家报社是加州的当地媒体《圣加布里埃尔谷论坛报》(*San Gabriel Valley Tribune*)，初入职场，他一边做兼职摄影师，一边在这家报社实习："我的工作在当时被称为送稿工（copy boy），现在被称为编辑助理。我跟着报社的摄影师学习如何拍照，不仅拍新闻类的现场照片，也学习拍一些专题类照片。"1967年，理查德在《帕萨迪纳星报》(*Pasadena Star-News*)获得一份全职工作，成为一名体育摄影记者，4年来，他拍摄了许多在南加州举行的高中橄榄球比赛，以及一些社交活动类的新闻照片。

初入职场的理查德压根没有想过，一次例行公事的拍摄任务会意外成为他职业生涯的重要转折点。1968年，美国发生了一件轰动

第十二章　历经生死的普利策奖获得者、美联社摄影师

全球的突发事件。前美国司法部长罗伯特·肯尼迪（Robert Kennedy）在加州洛杉矶大使酒店被刺身亡，而他正是5年前被刺杀的第35任美国总统约翰·肯尼迪的弟弟。案发时，理查德正在现场。当时风头正劲的罗伯特·肯尼迪刚刚赢得加州和南达科他州的初选，并有望获得民主党美国总统候选人的提名。1968年6月4日，他宣布在加州民主党总统初选中获胜，并在大使酒店发表演讲。演讲结束后，罗伯特前去媒体等待区出席新闻发布会，这时，一个枪手突然冲了出来，手持一把左轮手枪朝着罗伯特连续开枪射击，罗伯特中枪倒地。枪击发生时，因为口渴正在厨房喝水的理查德目睹了刺杀全过程，而且他就站在开枪者身后。

"当时我和罗伯特一同站在大使酒店的演讲台上，在他身后为他以及现场观众拍照。我觉得有点口渴，便跑去厨房喝水。紧接着罗伯特一行人准备离开现场，索罕就冲了上来对他开枪。我就站在他后面，看见了全过程，包括那把枪。"

理查德立刻趴到地上避免被乱飞的子弹射中。出于摄影记者的本能反应，他一步跳上桌子，对着倒在血泊中的罗伯特拍照，而这张照片日后成为宝贵的历史资料。说到这里，理查德叹了口气，无奈地说："但那天我把闪光灯忘在车里了，现场的灯光非常弱，我只能借用电视摄像机发出的光才能拍照。"这成了他整个职业生涯中最大的憾事。

"The Falling Man"

理查德在摄影业界最广为人知的作品要数他在"9·11"事件当

亲历纽交所

天拍摄的《坠落的人》（*The Falling Man*）。他不顾生命危险抢拍下来这张照片，在随后十多年的日子中，成为经典的摄影作品，也引发了社会上的广泛争议。

"9·11"事件当天，理查德例行公事，准备到曼哈顿中城拍时装秀，得知一架飞机撞上了世贸中心，理查德想也没想便冲下地铁，朝位于曼哈顿下城的世贸双塔赶去。等他走出地铁站，发现自己如同走进了电影画面中的世界末日。惊慌失措的人们正以最快的速度逃离下城区，理查德则争分夺秒往出事地点奔去。

几分钟后，理查德站到了即将倒塌的世贸双塔楼下，他仰望天空，除了滚滚浓烟和不断掉落到地上的瓦砾之外，他还看到了一个接一个从大厦往下跳的人。那是多么绝望的一刻！没有丝毫犹豫，更是顾不得即将倾塌的大楼，理查德抓起相机开始抢拍。

在理查德一系列抢拍到的照片中，有一张视觉冲击感最强的照片。一位穿着白衬衣、黑色西裤和皮鞋的男子从世贸北塔跳下，他倒立着，垂直向下的身体与大楼平行，并恰好处于两座大楼中间。

理查德认为他之所以抓拍到这张照片，完全靠运气："真的只是运气。我只是一连拍了很多张，偶然拍到了这一张。"理查德向我普及了一个摄影常识，和电影电视所展现的画面不同，在真实环境中，一个人坠楼的速度极快，摄影师根本不可能等待或是专门捕捉某一个瞬间，只能一味地猛按快门。

我每每怀着敬意端详这张照片时，都仿佛感到时空的静止，一切都定格在那一刻。绝望，无助，哀伤都不动声色地凝聚在这张照片中，胜过千言万语。与此同时，这张照片中坠楼男子的身份一直

第十二章 历经生死的普利策奖获得者、美联社摄影师

理查德拍摄的《坠落的人》

是一个谜,至今也没有得到确认。这张照片公开后,有人根据男子的着装,猜测他可能是世贸北塔第 106 层楼"世界之窗"餐厅的糕点师,但糕点师的家人否认了这一点。2003 年 9 月,美国记者汤姆·朱诺德(Tom Junod)在《时尚先生》(*Esquire*)杂志上围绕这张照片发表了一篇文章,透露照片中的男子可能是在"世界之窗"工作的音响技师,袭击发生时他可能在寻找新鲜的空气和安全的地方,不幸坠楼,但这个推测也没有得到确认。

理查德没有想到,这张照片在发布之初就被全美乃至全球数百家媒体转载,同时也引发了巨大的争议。许多读者对这张照片的发布表示不理解,认为这是对坠楼者不尊重的表现,侵犯了死者的隐私。他们甚至认为这张照片太过残忍,令人难以接受。受社会舆论批评和抵触情绪的影响,这张照片仅在《时代周刊》上刊登过一

次，6 年以后，才重新发表。2007 年 5 月 27 日，这张照片被《纽约时报书评》杂志刊登在首页上。再后来，《坠落的人》被《时代周刊》评选为"人类史上最具影响力的 100 张照片"之一，并在评论中引用了理查德的话："我从未后悔拍下这张照片。"

十多年过去了，理查德至今也无法理解人们为何不愿意接受这张照片。谈及此事，他向我列举了 3 张获得普利策奖的新闻照片。"越南战争期间，美联社摄影记者艾迪·亚当斯（Eddie Admas）抓拍了一张西贡警察枪击一名囚犯的照片，按下快门的瞬间，子弹正好打进被处决的男子头部。也是在越战期间，美联社摄影记者黄幼公（Nick Ut）拍摄了一张小女孩的照片，那个小女孩奔跑在街上，一丝不挂，浑身都被烧伤了。还有一张照片记录了一名学生在游行示威时被国民警卫队的人射中，学生中枪倒地，血从头部流出。这三张照片都获得了普利策奖。"

理查德接着说："这三张照片都包含暴力元素，但大家可以接受。而我拍的这张照片，既没有子弹，又不涉及任何暴力场景，却被人们激烈地抵触。"我以为理查德会就此展开一段激烈的言辞，没想到他的语气却平静下来，继续说道："也许，人们之所以不愿意接受这张照片，是因为大家觉得照片中的主角有可能变成他们自己。有一天，他们可能会身处相似的情景中，被困在高楼里，不得不在跳楼和被火围困这两条路中做选择。"

这是一张视觉上极具冲击力的照片，而照片主角的身份之谜至今未解。"9·11"事件，是全体美国人内心难以平复的伤痛。现在，距离拍这张照片的 2001 年已经过去了 18 年，人们何时能接受这张照片？理查德自己也不知道。

第十二章　历经生死的普利策奖获得者、美联社摄影师

"光明会成员"

作为摄影师，能亲眼见证并抓拍到历史的重要瞬间，是十分幸运的事。在理查德的代表作中，这样的瞬间还不少。正因如此，甚至有人开始研究他，把他套入"阴谋论"中，认为他是秘密组织"光明会"的一员。

理查德笑着和我提起此事，我半信半疑地反问："那你是光明会成员吗？"他哭笑不得，说："怎么可能！你觉得我是吗？"

理查德之所以能拍出那么多与众不同的现场照片，与他的敬业和执着息息相关。只要念头成形，他说什么也不会放过拍摄机会。理查德还向我讲述了另一个故事。

有一年冬天，他被派往加勒比海的多米尼加报道一场棒球比赛，凌晨两点，他在酒店房间里接到电话，获悉一架飞往德国的飞机在附近坠海，于是他和一名记者立即租车赶到现场。

"现场的人们正出海打捞尸体，并将尸体放在船的甲板上。我就站在码头上拍照。有一些死者是很小的孩子，救援者拎起小孩的脚，把他们放到包里。随后，救援人员将尸体放到停尸房，准备对尸体进行检测。我赶到那里后，知道他们不会允许媒体先进去的，于是我将照相机藏在衣服里，穿上一件白色实验室的衣服，并戴上面罩，假装成工作人员的样子，混进了停尸房。等我被工作人员发现时，我已经拍到了我想要的照片。"

职责面前，理查德把全部注意力都放在了如何能拍到第一现场。久经沙场的他早已见惯了悲欢离合，职业把他塑造成一个不会轻易受外界影响的人。"我想我是比较铁石心肠的那一类人，我见

亲历纽交所

过无数生死，但都不曾对我产生太大影响。有些人会对死亡这件事非常敏感，但我不会，而且我也不能把情绪带到我的拍摄工作中。"

唯一的一次例外是在多米尼亚的那次拍摄经历。理查德有四个孩子，当他站在码头上，看到那么多小孩的尸体被打捞起来时，他的内心被深深触动了。他说道："拍摄期间，我暂停了一两分钟才重新回去工作，那是唯一一次现场对我的情绪产生影响的拍摄。"

纽交所摄影师

作为一名职业摄影记者，工作中不带情感，并不意味着摄影师本人没有情感，相反，他们往往是内心世界丰富的人，具有一双洞察秋毫的眼睛。理查德告诉我，在拍照的时候没有人能影响他，因为他不能让镜头画面被自己的情绪左右。"举一个例子，每当纽交所敲开市钟庆祝 IPO 时，在场的参与者会很兴奋，而我则需要捕捉到他们流露的情感。"

无论在纽交所的交易大厅里发生了什么，理查德都牢记他的使命是用照片告诉大家这里发生了什么，时刻避免自己的情绪被卷进现场。"没有任何事情可以阻止我摁下快门，更不可能对我的工作产生影响。我需要当一个'隐形人'，淹没在人群中不让人发现，因为只有这样，才能捕捉到交易所最真实的一面。"

无论是美股大涨还是重挫，他都会去抓拍交易员们的表情。但是，交易大厅的交易员数量有限，如何在报道新闻的同时，让读者不会对内容雷同的照片感到厌烦？

理查德是第一个获得纽约证券交易所全通行证的摄影记者。

第十二章 历经生死的普利策奖获得者、美联社摄影师

由于受到时任纽交所主席理查德·格拉索的欣赏和信任，他成为当时唯一一名可以在戒备森严的交易大厅里自由走动的摄影师。

"我大概是在1975年左右到纽交所拍照的。那时位于一楼的交易大厅不对记者开放，媒体只能跑到位于大厅上方的二楼走廊工作从上往下拍大厅的交易景象。如果要进入大厅拍照片，必须有工作人员协同。"理查德回忆道，"尽管我得到了格拉索的信任，可以进入大厅拍照片，但我也需要处处小心，不能挡住交易员们走路，还要严格遵守他们的规则。"

这条不成文的行规延续至今，经过多年的磨合，交易员们和媒体变得愈加有默契。一方面，虽然纽交所宽阔又敞亮的交易大厅是媒体极佳的报道场所，但无论记者拍摄多么重要的新闻，还是进行一场多么紧张的现场直播，都有一条黄金准则，那就是不能挡住交易员的通道。哪怕他们挡住了记者们的镜头，记者也无权让他们挪步，只能等他们离开。此外，交易员们也非常在意镜头是否拍到他们的电脑屏幕，因为屏幕上极有可能显示着股票交易的数据。另一方面，许多交易员对媒体的镜头非常友好，他们在镜头前从容自然的工作，压根不受影响，有时甚至还会配合拍摄做一些表情，比如股市大跌，他们会眉头紧锁；股市大涨，他们会仰天大笑。

对于理查德来说，他还需要摸清每位交易员的性格，当了解到有些交易员不愿意出现在镜头里，他都会在拍摄时尽量避免拍到他们。慢慢地，用心的理查德成为交易大厅的一员，并与交易员们成为朋友。有时交易员们会问他有关选购摄像机的专业问题，他们还在社交网站上相互加好友。与一些到交易大厅例行公事、来去匆匆

的摄影师不同的是，理查德愿意花时间与他的拍摄对象成为朋友并获取信任："能被交易员们接纳，成为他们中的一分子，是一件好事。"

理查德不仅熟知交易员们的个人喜好，也精确掌握了交易大厅的最佳拍摄时机。他向我传授了一个"秘诀"："在人来人往的交易大厅里，隐藏着一种特定的节奏。每天上午9点17分，交易员们开始陆续涌进大厅，所以从9点17分到9点35分的这段时间，我都会准时等候在交易大厅，寻找交易员们扎堆的交易台，去搜集当天有重要新闻的公司，以便拍摄相关的照片来配合新闻报道。而如果当天没有重大的IPO或是公司财报发布，我就会拍一些和市场走势相关的照片，来反映当天的股市行情。"

随着电子化交易逐渐代替人工操作，交易员们的重要性早已不能和过去相提并论，但这并不会对理查德的拍摄工作产生影响："我的任务不是预测股市，我只是来拍照片的。哪怕有一天这里不再有任何交易，我也会继续来这里拍照。"可是，由于纽交所交易员在急剧减少，意味着理查德可以拍摄的对象少了许多。如果他一连几天都需要到纽交所的话，为了避免同一个交易员重复出现在照片中，他需要牢记他曾经拍过哪些人。"如果非要说电子化交易对我有什么影响，可能就是我需要记住交易大厅的拍摄对象吧。"交易员们工作时几乎都穿着相同的深蓝色夹克，要想避免同一个交易员连续出镜，还真不容易。

一位好的摄影记者，不仅需要准确无误地报道新闻现场，还需要对画面进行设计和创作，让照片变得灵动，让读者看到照片就能感受到鲜活的新闻现场。

第十二章　历经生死的普利策奖获得者、美联社摄影师

理查德在交易大厅拍新闻照片

提前做功课

理查德在纽交所待了 40 多年，和许多我采访过的交易员一样，他见证了美股市场的大起大落。当我问他这些年交易大厅发生的什么事最令他印象深刻时，他却给了我一个与交易员们很不一样的答案。

"我记得 1988 年罗纳德·里根（Ronald Reagon）和米哈伊尔·谢尔盖耶维奇·戈尔巴乔夫（Mikhail Sergeyevich Gorbachev）到访纽交所的场景，他俩一同走在交易大厅，那时的交易大厅还有三千多名交易员。我需要穿过层层人海，去拍摄他俩在大厅的场景。"他继续回忆道，"还有一次，小布什总统在华尔街发表演讲后，我得到小道消息，他可能会去参观纽交所，还会去交易大厅其中的一个交易亭，我便提前去那里等待。后来交易大厅人山人海，

亲历纽交所

我和另一名摄影记者是唯一抢占到最佳拍摄位置的摄影师,即便是白宫的摄影工作人员也没能挤进来。"

对于摄影师而言,名人到访纽交所,以及一些富有特色的纽交所开市钟、闭市钟仪式都是极好的新闻选题。每天例行公事的开市钟和收市钟是纽交所很有效的宣传手段,而更重大的敲钟仪式自然也受到摄影记者的青睐。敲钟仪式不仅邀请政客和明星,纽交所也时不时迎来动物们的光临。理查德·格拉索曾让一头雄狮站到了纽交所的敲钟台上。还有一次,电脑公司捷威(Gateway)上市,由于公司的商标和奶牛有关,于是一头奶牛被运到纽交所门外。

说来惭愧,身为常驻纽交所的财经记者,有些突发新闻我却需要理查德事先提醒。只要他出现在纽交所媒体中心,我就知道肯定是有重要新闻或者突发事件了。理查德提前做功课的习惯令他几乎不会漏掉财经领域的重要时刻。

"我每天都会阅读3份报纸,我指的是真正的报纸,而不是网站。早上五点半,我会在家门口收到当天的《纽约时报》(*The New York Times*),那是我一天中首先会阅读的报纸。去地铁的路上我会买一份《纽约每日新闻》(*NY Daily News*),等到了下午的时候,我会选择看《纽约邮报》(*New York Post*)来轻松一下。"理查德始终保持着对周遭事物敏锐的观察力和孩子般的好奇心。"我需要了解每天在纽约发生了什么。比如,如果我要报道希拉里·克林顿,我一定要知道她正在做什么,她将会出席什么活动?会不会有一些丑闻会出现?还有谁也会在现场?如果她不愿意照相,那么我就要确保我能抓拍到照片。有时我也会去拍摄一些名人,所以我还要读一些八卦新闻。总之,我需要对很多事情都略有所闻才行。"

第十二章　历经生死的普利策奖获得者、美联社摄影师

理查德所指的"略有所闻",其实已经达到了半个行家的地步。哪怕是在他最熟悉的纽交所拍照,他每次也会把当天的财经事件摸得一清二楚。比如,美联储将要公布最新的利率决议,那他一定会提前守候在交易大厅,观察决议公布后的市场表现和交易现场。再比如阿里巴巴发布了不及市场预期的财报,他也会到交易大厅拍摄有关阿里巴巴股价的走势情况。从某种程度上来说,他甚至承担了财经记者的部分角色。"我早已对今天将会发生的一切提前做好了功课,而不是在迈进交易大厅的那一刻才开始思考今天会发生什么。"

理查德做功课的深度和广度令我折服。调动自己的主观能动性,而不是被动地等待上级分配任务,这是优秀且专业的媒体人的基本素养。

普利策奖

我时常忘记理查德的年龄,他扛着两部沉重的相机,每天穿梭在纽约的大街小巷,其实他已经71岁了。面对这位从业超过50年的摄影师,我问他自己最骄傲的作品是哪一张。他思索了良久,对我说:"应该是我获得普利策奖的那张吧。"

普利策奖是美国新闻界的最高荣誉,也被视为最重要的新闻奖项。虽然理查德主要负责拍摄体育及财经类的题材,但他在1993年获得普利策奖的作品却是一张政治类的新闻照片。

1992年5月5日,他被派去报道有关德州亿万富翁罗斯·佩罗(Ross Perot)的新闻,后者在1992年参与总统竞选,就在理查德去

采访的那天，罗斯还没有公布竞选的消息。理查德获奖的那张照片，是罗斯站在纽约华尔道夫酒店门口和一群人讲话，并被媒体包围接受采访的样子。"罗斯是个小个子，讲话非常直白。媒体集体采访时，有人问他是否打算竞选总统？他回答道：'看我的嘴唇！'（Watch my lips!）之后，他就开始放声大笑。我那时就拍下了照片。"

这是理查德获得普利策奖的作品之一。用他的话说，他并不能预知未来会发生什么，他所做的一切只是在阐述新闻事件本身。而作为摄影记者，需要选取一个合适的事件，并出现在合适的地方。

当然，除了拍摄本身，还要掌握如何挑选最具表现力的照片，辨识拍摄对象的每一个动作细节。比如一家公司在纽交所敲开市钟，是应该选择公司 CEO 正在鼓掌的照片，还是他正在微笑的照片？这需要摄影记者分析照片所包含的各种元素，从而做出正确的判断。

永远的逆行者

理查德总能确保自己及时赶到现场，还一定要抢到现场的最佳拍摄角度。为了拍出好的照片，摄影记者在工作中时常需要"忘我"，甚至要忘记自己身处险境。

有一次，我坐地铁在世贸站下车，正朝着地铁站出口走去，突然，一个身材壮硕的非裔男子朝着一名亚裔男子脸上猛揍了几下，亚裔男子一个趔趄被打倒在地，打人者气呼呼地看了一眼那名男子，接着迎面向我走来。我看了看周围，发现只有我一个人，我一

第十二章　历经生死的普利策奖获得者、美联社摄影师

时有些腿软，不知道是应该硬着头皮往前走，还是调转方向赶紧离开。所幸，打人者从我旁边擦身而过。到了媒体中心，我将这件事告诉了理查德，没想到他的第一个反应竟然是问我："你拍照了吗？"

我对他的问题感到很惊讶，我连自己的安全都顾不上，还拍什么照？我和他辩解我的处境，他笑着摇了摇头，感觉在说："小姑娘，你还没有修炼到家哦。"

拍出一张好照片，不仅需要专业的拍照技巧和经验，还需要职业精神。随着时间的洗礼，职业素养会逐渐成为条件反射。正是那些刹那间的反应，才为世界留下了珍贵的影像记录。同样，为了拍出好照片，摄影记者在工作中必须做到"忘我"，忘记自己身处险境。当灾难发生时，他们和警察一样，往往也是"逆行者"。

"你曾想过自己可能会面临死亡吗？"我心里想着，他一定早有准备吧。

他竟然和我说："我从没想过这件事。"

为了不让照片看起来枯燥乏味，理查德总致力于寻找不同的角度来阐述新闻故事。为了获取最佳的拍摄角度，他可以徒手爬上旧金山金门大桥的最顶端，他也可以跑到帝国大厦观景台的围栏上，全部的身家性命就交给另一个记者和一根皮带。

"有一次，一个人在帝国大厦的观景台被杀了。为了还原事件的发生地点，我决定徒手向上爬一段距离，然后从上往下拍照。我请一名《纽约邮报》的摄影记者帮我拉着皮带。我有可能为了拍这张照片而摔下去，我只是运气好而已，当时是比较疯狂。"理查德说着他的冒险经历，显得特别平静。

亲历纽交所

"'9·11'事件当天,因为纽约的通信一度中断,我妻子很长时间都找不到我。最终,我们一位在科罗拉多州的朋友发了一封电邮给我妻子,说我肯定没事,因为他刚看到我发布的照片。"

但理查德也对死亡有所畏惧,他毫不避讳地坦言,1982年他曾为报道马尔维纳斯群岛战争而在阿根廷待了一个月:"我并不愿意去报道战事,你问我是否有畏惧的事情,这算是一件。我害怕被击中。在我们纽约办公室有一位热衷于报道战事的摄影记者,我们叫他'战争上瘾者',几年前他的头部被子弹击中,我还去参加了他的葬礼。我也曾经差点被派往伊拉克,护照等手续都办好了,结果那时我和我妻子发现我们即将迎来第二个孩子,于是我放弃了派出计划,那是我和家人共同做出的决定。"

理查德一共有3个女儿和1个儿子,现在除了还在新奥尔良念大学的小女儿之外,其他孩子都从事着与艺术相关的工作。理查德自嘲说,按照通俗的说法,我和我妻子已经是"空巢老人"了。我不禁笑了,对于这位在新闻现场一贯风雨无阻、干劲冲天的资深摄影记者而言,家,永远是他内心最柔软的港湾。

第十三章
一个德国名记的"美国梦"

刚到纽约,他几乎身无分文。他唯一可以付得起房租的落脚地是曼哈顿出名的危险地段——哈林区。只有在那里,他可以按天付房租而不是按月付房租。即便是这样,他的钱也只够租一个小房间。平时,他需要与其他人共用淋浴,这对于有洁癖的他来说简直无法忍受;而到了冬天,破损的窗户根本关不上,他甚至用吹风机给身体取暖。

就像参观纽交所交易大厅,你要去找传奇交易员亚瑟合影一样,如果你想见见出没于纽交所的电视名人,马库斯·科赫(Markus Koch)应该算一位。

马库斯是继玛利亚·巴尔蒂罗莫之后第二位进入纽交所交易大厅报道新闻的记者,也是第一位进入纽交所的德国记者,那时是1996年4月。20世纪90年代初的德国,公众尚未形成投资热潮,正处于牛市行情的华尔街不断地吸引着全球投资者的目光。站在纽交所交易大厅报道财富流动的行踪,很快让这位极具镜头感的财经记者成了德国家喻户晓的电视明星。

我和马库斯特别熟,主要是因为他算得上是我的"半个"同事。几年前,当所有驻纽交所的外国媒体全被"凑"到位于地下一层的办公室时,这里便成了一个小小的"联合国",中文、英文、西班牙文和德文交汇,大家挤在一个20平方米的空间里,再加上挂在墙上的7台大电视,我们的媒体中心估计是纽交所里最热闹的地方了。有段时间马库斯总是念叨他在外面有一间独立的办公室,很快就要从纽交所搬走了,结果过了几个月仍没下文。他一直坐在

亲历纽交所

马库斯·科赫
[德克·尤斯特布鲁克（Dirk Eusterbrock）拍摄]

我座位的右边，对于这位"邻居"，我是又爱又恨。

马库斯经常在办公室里做自媒体的直播，装备了各种各样的自拍杆。每当他拿着自拍杆晃来晃去时，我和办公室的其他记者就成了他的"人肉背景板"。虽然有点无奈，但大家似乎形成了一种默契——全力支持他的自媒体播报。于是，我们集体成为"在他背后的女人们和男人们"。再后来，我也接到台里的任务要制作直播节目，结果每天上午9点钟时，办公室就出现了中德双语现场播报的"盛况"，我俩还时不时邀请对方加入，把直播变得更加生动有趣。

在我看来，马库斯自身就是"矛盾的综合体"。他人不在办公室时，办公桌上除了一部电话、一台打印机和一个插着美国及德国国旗的马克杯，什么都没有，简直就是德国式严谨作风的典型代表。但只要他人在办公室，办公桌上就杂乱不堪，随处散放着零钱、自拍杆、圆珠笔、钱包、耳机等一切你能想到的零碎物件，充

/ 236

第十三章 一个德国名记的"美国梦"

满了美国式的散漫随意。他经常用消毒纸巾将自己的桌子擦得一尘不染,却又习惯性地将运动鞋直接塞进书包里,连袋子也不套。他经常对我们嘀咕:"哦,我受不了美国了,我要回德国去!"可他的内心仍为德国的纳粹历史感到自卑。他喜欢和记者同行们开各种无伤大雅的玩笑,也会每天都给老婆打电话问寒问暖。无论他有多忙碌,那甜言蜜语和无比耐心的语气堪比热恋中的情话。有一次大家终于忍不住集体爆发,一位女记者大声"抱怨"说:"马库斯,我真的受不了你那甜言蜜语的电话了!"紧接着,大家一个接一个学着他打电话。马库斯总是办公室里最活泼的那个,于是他也总被大家开玩笑。

由于嫌弃自己"过胖",突然有一天他向大家宣布,他要去做催眠治疗,整个疗程大概一个半小时,要价高达 400 美元。我看了看他,说:"你也没有那么胖吧?"他回答:"那是因为我系着皮带呢,如果我松开皮带,你会看到我肚子上的肉全部弹出来!"

在华尔街叠信封

马库斯怀揣着"美国梦"远离家乡,来到美国。由于在高中时期就对股票市场疯狂着迷,大洋彼岸的华尔街对他来说有着极大的吸引力。

"16 岁的时候,我就读的学校举办了一场虚拟股市投资竞赛,我就被股市深深吸引了,从不会感到厌倦。要想做好投资,你需要戴很多顶不同的帽子。你需要是一名心理学家,因为你要分析市场为何疯狂;你需要是一名律师,因为你应具备与人辩论的技巧;你

亲历纽交所

还需要是一名调查记者,因为你总希望能找到事情发生的原因。所以做投资永远不会让人感到无聊,或者平淡无奇。"马库斯说。

事实上,自从沉迷股市后,马库斯就开始帮他的老师管理财务了。每天下课之后,他都会去一家银行工作,迫不及待地想要了解金融市场。高中毕业后,对大学毫无兴趣的马库斯从朋友那里借了5 000美元,买了一张飞往纽约的单程机票,用旅行签证只身来到美国。"我想,最开始我很有可能是非法移民。"马库斯毫无顾忌地大笑着说。

刚到纽约,马库斯几乎身无分文。他唯一可以付得起房租的落脚地是曼哈顿出名的危险地段——哈林区。只有在那里,他可以按天付房租而不是按月付。即便是这样,他的钱也只够租一个小房间。平时,他需要与其他人共用淋浴,这对于有洁癖的他来说简直无法忍受;而到了冬天,破损的窗户根本关不上,他甚至用吹风机给身体取暖。

"我曾经就像房子里的老鼠一样,生存状态极为糟糕,但那就是我在美国起步的生活。在纽约,一周170美元租金的房子有多糟糕,我想你能想象得出来。最后,我竟然还被迫搬出了那个房子,因为那里变成了流浪汉的收容所。而那就是我到纽约的第一个住处。"

马库斯到华尔街的第一份工作,和他的房子一样令人失望。虽然他在德国时就通过考试获得了交易期货和期权的牌照,还在德国一家银行工作过,具备一些金融知识和交易经验,但是,他在华尔街的第一份工作竟是在邮寄部门叠信封。

"叠信封是一种怎样的工作体验?"我想他当时一定感到很

第十三章 一个德国名记的"美国梦"

失落。

马库斯没有直接回答我的问题,而是从容地笑了笑,说:"也许我的经历并不是华尔街职场最典型的路径,谁会从邮寄部门开始起步呢?不过我相信无论做什么工作,都要做到最好,尽一切努力表现自己。这就是我进入华尔街的方式。"

马库斯在华尔街工作的第一家公司是一个中等规模的共同基金,管理着约7亿美元的资产,老板是德国人。马库斯走进他的办公室时,直接和他讲明来意:"我在找一份工作。"德国老板看着这个刚满20岁的同乡,对他说:"你可以得到一次机会,但我不会支付你薪水。你可以从邮寄部门开始,最终我会让你一步一步升职的。"马库斯答应了,开始在这家共同基金做起叠信封的工作。他自然不会满足于待在邮寄部门,见缝插针地找机会向老板申请其他职位。终于,三个月后他获得了老板的信任,成为负责证券交易的主管助理。

永远别看轻一份微不足道的工作,因为它极有可能是你职场进阶的试金石,哪怕你只是负责叠信封。

变了味儿的 "美国梦"

"你的'美国梦'是什么?"我问他,不知道各国人民的"美国梦"会不会都是一样的。

马库斯想了想说:"我那时的梦想就是挣钱。对我来说,光是站在华尔街上,在其中一栋大楼里获得工作的机会,就已足够令人兴奋。但现在,'美国梦'对我而言早已不复存在。'美国梦'是一种幻觉，我想大部分在美国的人都不再相信这个梦了，因为财富总是聚集在极少数人手中，这个现实令人充满挫折感，很悲哀。"

尽管追求金钱，但钱并不意味着一切。马库斯始终坚信这一点，并最终发现所谓的"美国梦"终究是竹篮打水一场空。他认为在一个富裕的社会，每个人都应该被平等对待，但在美国，似乎一切事物都与金钱息息相关。拥有多少财富定义了一个人的身份，在这个国家贫富之间的差距越来越大，人心也越来越散。马库斯说："现在，美国对富人的定义已不再是拥有好车、豪宅和私人飞机那么简单，而是有能力负担更好的医保、更好的教育，甚至让囚室得到升级。由此，财富差距再不是房子大小的区别，而成了一个社会问题。"当马库斯的"美国梦"从最初少不更事的憧憬演变成岁月洗礼后的残酷现实，"美国梦"变了味儿，让他无法忍受。有一次，他的脸上不明原因地红肿瘙痒，他并没有立刻去瞧专科大夫，而宁愿跑回德国去看病，在那里看病只需花上几十块钱就可以了。而在美国，在没有医疗保险的情况下，还不知道看病要掏多少钱。还有一次是在3月份，他打电话想预约一家朋友推荐的诊所，对方告诉他最近可预约的日期是在8月份。马库斯哭笑不得，5个月后才能看病，这还是看病吗？

马库斯最初的"美国梦"就是挣大钱。事实上，他的确成功了。1994年，他用1 500美元的初始资金成立了一家媒体公司，公司的资产基本上就是一台电脑，就连办公室都是他曾经工作的那家共同基金为他无偿提供的。

而在20世纪90年代初，伴随着华尔街投资风潮的迅速兴起，中小投资者成群结队涌入市场，包括德国在内的各国投资者对美股

第十三章 一个德国名记的"美国梦"

报道的需求瞬间爆发,他们渴望收到来自华尔街的财经资讯,更渴望能从交易大厅直接得到他们想要的信息。而立足于华尔街报道财经新闻的马库斯,不费吹灰之力就可以签到客户,他的客户除了电视台,还有知名报社和电台,签约客户除了德国,还延伸到瑞士和澳大利亚。几年后,马库斯的媒体公司就有了25名员工,年收入高达400万美元,利润率也相当可观。2001年,马库斯将公司25%的业务卖给了一家德国出版公司,那是他事业发展中最重要的里程碑之一。"我的目标是挣很多钱,现在基本上都实现了。我所有想要的东西都有了,但随着年龄的增长和价值观的悄然改变,我又发现任何东西都并未改变。"

"9·11"事件的发生,不仅夺去了无数人的生命,也给马库斯的媒体公司造成了无法挽回的损失。他的公司位于世贸中心的街对面,恐怖袭击发生后的纽约下城一度陷入瘫痪状态,几乎所有办公设备都无法正常使用,这对媒体而言是致命的打击。马库斯回忆说:"我的公司是媒体公司,大家期待着我们及时传递新闻,但包括互联网、电话在内的一切工作必备设施都无法使用,连办公室也没法待了,25个员工的安置也成了大问题。更糟糕的是,很多员工因为那次经历直接离开了公司。"

马库斯将留下来的员工临时安置在朋友的公寓里,但仍需支付每月超过1万美元的办公室房租。没有任何进账,却不得不支付昂贵的租金,最后"9·11"事件给他的公司至少造成了40万~50万美元的经济损失。这对一家起步时间不算很长的小公司来说,简直就是灭顶之灾。

不幸中的万幸是他的员工都平安无事。"那天事件发生的时候我刚到法兰克福。当第一架飞机撞上大楼时,所有人都以为是一场事故,我知道员工们已经跑到街上去做采访了。接着第二架飞机撞了上去,电话就再也打不通,我和所有在华尔街的员工都失去了联系。那时,所有员工的父母都给我打电话,询问他们孩子的情况。说实话,当时我对他们撒了谎,我不想让他们担心,于是对他们说大家都没事。"

"你为什么不告诉他们实情,说你联系不上你的员工呢?"我问。

"因为我也不知道情况怎么样,我不想让他们担心难受。我欺骗了他们,但幸运的是,真的没有员工受伤。"马库斯舒了口气。

"那之后你做了什么呢?"我追问道。

"我做了我应该做的。我打起精神,站起来,重新投入战斗。这是在华尔街生存的必备本领,毋庸置疑,也是媒体人需要具备的本领。我们生存在一个不断变化的环境中,技术为我们带来便捷,但也在不断地改变着我们的一切。如果我们不随之做出改变,最终注定会失败。"马库斯回答道。

"9·11"事件将马库斯奋斗数年的事业一夜之间打回起点。他的公司一度陷入危机。不过,他重整旗鼓,从零开始,在此后的岁月中又重新打出一片天地。现在,马库斯不仅为媒体机构服务,客户还包括德国最大的银行德意志银行,以及花旗集团等金融机构。他时常受邀回德国进行演讲,也参与制作多个财经节目,甚至还参演话剧。他在2000年获德国电视奖提名;2006年7月14日代表德国新闻电视台N-TV在纽交所敲响了收市钟;2008年出版图书《华尔街真相》(*Backstage Wall Street*)并获得德国图书奖提名,2017

第十三章 一个德国名记的"美国梦"

年获得德国衍生品协会的记者奖提名,同年获得德国商业记者奖。他曾多次回到德国发表主题演讲,其中包括2017年受邀在德国证券交易所发表主题为"金融报道中讲故事的重要性,如何与散户相关联"的演讲。他相信,如果能做好本职工作,坚信梦想,追逐梦想,不轻言放弃,最终一定会成功的。

膜拜金钱的地方

1996年4月,马库斯作为首位德国记者进驻纽交所,到现在已经待了20多年。马库斯对纽交所的第一印象带着些许艺术色彩:"你从外面看整栋大楼,外形就很像一座教堂。而走进去,满眼都是与财富相关的事物。无论是这座楼本身的历史,还是镀着金墙、厚重的大理石和昂贵的装饰,你都能立刻感觉自己陷入了电影画面。戴尔·卡内基(Dale Carnegie)在这里享用过午餐,约翰·皮尔庞特·摩根(John Pierpoint Morgan)曾经就在街对面工作。这里,曾经操控着全球金融市场,令人激动不已。"

不过,20年前的交易大厅,可没人愿意看到记者。每个交易员都在忙着买卖股票,而挤着5 000多人的有限空间本就已经摩肩接踵,交易员们最不想看到的就是"无关人员"挡道碍事。"交易大厅根本就没有多余的空间容纳媒体,我遭遇了各种推搡和抱怨,但我必须对每位交易员都表现得非常尊敬,因为我知道自己只是交易大厅的一个客人而已。"

一次被记录在案的冲撞事件就发生在玛利亚·巴尔蒂罗莫身上。一天早晨,一名正急于完成交易的交易员为了赶时间,直接撞

亲历纽交所

上了正在大厅做直播报道的巴尔蒂罗莫,并险些把她撞倒在地。交易员不满这名记者挡道,随口骂了句脏话,而这一切都被 CNBC 直播出去了。所幸,这起冲撞事件被时任纽交所主席格拉索发现,随后下令调查,最终对那名交易员处以罚款。①

事实上,尽管现在的交易员们早已习惯了与媒体"一起工作",但媒体依旧很清楚自己的"地位"。在交易大厅里,如果交易员无意挡住了镜头,无论正在直播与否,记者都无权让交易员躲避镜头,而要等交易员自行离开。如果热门 IPO 正在经历开盘询价阶段,除了获准的摄影记者或特定媒体外,其余的媒体都要被"圈起来"、"远距离"观看并进行报道,原因是防止媒体干扰交易员们的正常工作。对于一向习惯凡事冲在最前方的记者来说,遵守这些规定真的不容易。

站到交易大厅做报道是一回事,真正被交易大厅的交易员们接纳又是另一回事。在这方面,我还是不得不佩服马库斯的情商。他花了大概三到五年的时间,才与交易员们融为一体。"这完全取决于你和他们如何沟通。交易大厅有一种特别奇怪的幽默感,你要成为他们大家庭的一分子,必须要愤世嫉俗一些,要懂得自嘲,而当他们拿你开玩笑时,千万别太认真。"马库斯的处事经验是,大厅交易员是一个非常爱玩闹的群体,这里简直就像个幼儿园,而媒体要能和他们玩到一起。

我时不时会看到马库斯穿着一双锃光瓦亮的皮鞋走进交易大

---

① 资料来源:查尔斯·加斯帕里诺所著的《纽交所之王》。

第十三章 一个德国名记的"美国梦"

声田(Spotify)上市当日,交易台前挤满了交易员和工作人员,记者只能在人群之外围观

厅,但回来的时候,皮鞋上却洒满了白色的婴儿爽身粉。我问他发生了什么,他无可奈何地笑道,都是交易员洒上去的。大家喜欢和他开一些无关痛痒的玩笑,而这些都是基于彼此之间的友情和信任。

20世纪90年代的华尔街,一切如同梦幻泡影,股价不断上涨,几乎人人都能从股市中捞到钱,那简直就是一场没有尽头的狂欢派对。马库斯回忆起那段黄金年代,说:"那时纽交所时不时迎来一些有趣的角色进行敲钟,比如美国队长。我也会去借戏服,把自己装扮一番再上电视。在20世纪90年代,如果你是一名财经记者,你就是一个明星。你告诉人们他们挣了多少钱,那种感觉特别棒。"马库斯现在也会配合特定的节日简单装扮一下自己,比如万圣节时,他会专门戴一副恶魔面具上节目;或者在圣诞节戴一顶红色的圣诞帽。在一向严肃的财经节目中,这种做法其实还是很少见的。

对于漂泊在美国的马库斯而言,纽交所就是他的另一个家,他的根据地。但凡在交易所里的人们,基本上都将彼此视作家人。大家同舟共济,一同经历困境,也一起分享成功的快乐。尽管金融市场的引擎或已从纽交所转移到了其他地方,但纽交所的友情从来不曾消失,大家共经风雨,更加懂得珍惜这份来之不易的情感。

当然,对于交易大厅的变迁和物是人非,马库斯保持着一种理性的客观态度:"大家的任务不是如何浪漫,如何回忆过去的好时光,交易大厅的终极任务就是帮客户赚钱。所以,交易大厅人数的减少并不是悲剧,哪怕这件事本身造成的分离令人难过。但这就是未来,是科技和创新带来的变革。作为一名记者,见证并参与未来的形成,是一件兴奋并富有激情的事情。"

财经媒体究竟应该制作怎样的新闻?

马库斯很喜欢给投资者和观众讲《白鲸记》(*Moby Dick*)的故事。这个小说讲的是船长亚哈带领船员追杀咬掉了他一条腿的白鲸莫比·迪克,最终与白鲸同归于尽的故事。在大海上,随时都会遭遇各种无法预测的危险和死亡,而神出鬼没的白鲸,更加剧了这种恐惧情绪。

一边是急于了解金融市场的普通民众,一边是如火如荼拼命挣钱的华尔街,马库斯注重的并非单纯的新闻传递,而是如何传递金钱、投资相关的话题和理念。他认为通过《白鲸记》,可以告诉投资者如何对待恐惧,克服恐惧,更重要的是帮他们理解究竟什么是

第十三章 一个德国名记的"美国梦"

恐惧。

遭遇科技冲击的不仅是交易大厅，财经媒体也面临着巨大的挑战。对于财经记者来说，金钱永远都是一个不错的话题，与财富相关的故事总能受到欢迎，但是，当新闻机构已经开始用机器人撰写稿件，如果记者还只是单纯进行日常新闻报道而没有任何特色，那么记者的工作迟早会被人工智能所替代。

财经新闻的受众究竟是哪些人？他们想看什么样的节目？他们是否关心媒体报道的财经新闻？这是马库斯认为最令人困惑、但尚未找到答案的问题。"如果你是一名专业的交易员，每天接收到的信息甚至比媒体还快，那么他们不会去听媒体报道的新闻。如果你是散户，并且持有的都是指数基金、ETF之类的金融产品，那么可能也不会花时间听记者报道有关IBM、可口可乐的公司财报。CNBC之类的财经媒体，总是邀请专家、分析师上节目分享观点，比如'我认为IBM的财报将超出市场预期'，或者'我认为IBM的利润将出现下滑'，这一切都是围绕着'预期'展开的。这些'预期'给了媒体做新闻的材料，它们邀请嘉宾分析公司、分析经济数据，制作成一期又一期的节目，但这样的新闻真的有人关注吗？"

马库斯说出了我作为一名财经记者长久以来的迷茫。财经记者的角色是一把双刃剑，积极的一面是为人们在创造、聚集财富的过程中提供了一定的帮助，消极的一面是工作很可能没有任何实质性的意义。媒体习惯于描述过程，谈论从"预期"到"真实数据"之间发生了什么，但这些工作早已被计算机所替代，信息甚至在以毫秒为单位的速度飞快传递。如果财经媒体还在按照过去的方式一成不变地报道新闻，最终会发现这些故事早已没有新闻价值。

亲历纽交所

那么，媒体究竟应该怎样制作新闻？马库斯的解决方法是，通过更广阔的视角帮助投资者对各类新闻进行定位和导航，更多解读与人们的心理行为相关的话题。比如，如何对待因金钱而产生的恐惧？如何控制预期？如何设定长期目标？如何管理投资心态？这条IBM的新闻让你感到恐慌吗？类似IBM股价在一天之内上涨或下跌1美元的新闻，已经不再重要了。

当下正是马库斯的职业转折点，也可能是所有媒体人的转折点，这个转折点已悄然到来。马库斯决定，逐渐脱离每日新闻的常规报道，更多关注视频内容，挖掘更深层次的投资故事。致力于在节目中寻找创新，或者干脆创造一个新颖的节目模式，以打破人们对财经新闻的刻板印象。他将一只"德国最富有"的木偶狗请到了自己的脱口秀节目中，和大家探讨为什么在投资时总会犯同样的错误；他带着摄制组穿越德国，挖掘关于黄金的神奇话题；他还制作了一个20分钟的短片《莫比·迪克》，告诉投资者如何应对恐惧。他总是努力设计各种有趣的角度，将金融市场呈现给观众。他还担任了由微软联合创始人保罗·艾伦（Paul Allen）和CNN制片人摩根·史柏路克（Morgan Spurlock）联合制作的短视频网站"我们是经济学"（wetheeconomy.com）的经济顾问之一。马库斯正在转型成为许多财经记者都向往的状态。

"我认为我是一个拥抱'改变'的人，如果故步自封，我会失去客户，会和不少交易员一样面临失业。我们不能假装一切都没发生，不能假装没看到这个变化的世界。"马库斯说。

改变一定会伴随着阵痛，但如果不去主动迎接变革，那么终究会被社会淘汰。准确定位自己的受众，去了解他们真正的所想所

第十三章 一个德国名记的"美国梦"

思,架设连接专业人士与投资者之间的桥梁,保持好奇心并享受这种好奇心,这才是当今财经记者的未来。

"嘿,对了,我刚从网上买了一个电子滑板,希望我下周还能活着来上班!"马库斯一句话把我拉回到现实生活中。我顺着他的德国式幽默回应道:"是呀,希望我下周还能见到你。"

第十四章
美国王牌记者的故事

走向成功或实现梦想最重要的一点是懂得识别机会,因为机会总会在不经意的时刻悄悄到来,你需要做的是发现机会并及时做决定。此刻的他,半仰在座椅上,总结起他的心路历程:"很多时候人生都是纯属运气。在我的一生中,就是一次偶然的运气,改变了我的一生。"

人生不是随风飘荡的树叶,每个人都可以通过决策和意志力书写自己的人生。机会很重要,而人生的诀窍就是学会识别它。怎么做?当你看到机会时,勇于尝试,试图利用它,极有可能因此而改变你的一生。不过别忘了,你也需要为你的幸运降临做好准备。机会偏爱有准备的人。

2018年2月5日星期一，我在纽交所经历了华尔街股市一次相当夸张的"闪崩"。在前一个交易日，也就是上个周五，美股已然遭遇"跳水"，当日收盘暴跌了666点的道指给大家打了个措手不及。没人能想到，在随后的周一，道指一度下跌接近1 600点。

当天道指的"闪崩"出现在美国东部时间下午2点40左右，大盘的突变根本容不得我换正装，我蹬着雪地靴，和第一财经的记者一起大步从地下一层媒体中心朝着楼上的交易大厅飞奔而去。我俩都是各自台里驻纽交所的唯一记者，在突发新闻需要报道时，便形成了一种团队默契，相互帮忙充当摄影师的角色。我在大厅一边寻找着可以接受采访的交易员，一边举着手机抓拍现场情况。交易员们也极其配合，瞬间摆出各种"崩溃"造型，都颇有表演艺术家的风范。到达交易大厅不到两分钟，我就听到交易大厅传出倒吸凉气的声音，那声音不大，但辨识度特别高，带着从内心发出的恐慌情绪。我连忙把镜头定位到电子屏幕上，道指下跌竟超过1 000点了。随后，美股跌势更是一发不可收拾。

这次突如其来的下跌并没有什么基本面的利空消息，相反，劳

亲历纽交所

工部非农就业数据利好，ISM 制造业指数（Institute for Supply Management Manufacturing Index）利好，白宫也没公布什么对股市不利的新闻，但股市就这样表演了一场"高台跳水"。2008 年 2 月才过了 5 天，股市市值已经蒸发超过一兆亿美元。

此时此刻的交易大厅，气氛开始发生微妙的变化，人们的脚步逐渐急促起来，大厅的人也越来越多了。除了交易员，压力骤然增大的就是记者。因为财经记者需要对股市走势第一时间做出反应，第一时间判断影响市场因素，第一时间联络所有能联系上的采访资源，第一时间迅速整理思路写稿，第一时间发出现场报道。

道指的"闪崩"就像是有人按错了操作按钮，或者是电脑系统出现问题，让人摸不着头脑。有那么几秒钟，我头脑一片空白，站在这个我异常熟悉的交易大厅，头一次感到紧张得无所适从。接着，我在交易大厅看到了鲍勃·皮萨尼（Bob Pisani），他是知名财经媒体 CNBC 的王牌记者，几乎寸步不离地守着 CNBC 在交易大厅的机位，等待他的将是一连串的直播连线。"当然他会在这里。"我自言自语道。只不过，比起直播状态，他似乎在每场直播的间歇期间显得更加紧张。他在交易亭旁来回踱步，一直举着手机接打电话，可能是电话没有立刻接通，他的表情显得有些着急，因为他需要立刻得到观点，需要独家的爆料，需要在几分钟内探究暴跌的原因。交易大厅的交易员们此刻都摸不着头脑，他急需外界更多的资源。

财经记者的工作可以说是分秒必争，而且忙起来毫无征兆，你永远不知道下一个爆炸性新闻在何时何地等着你。很多时候，你不得不被动获悉这些新闻，继而接受这份挑战。挑战的结果，只能成功，因为镜头背后是全球的观众在等着你的报道。

第十四章　美国王牌记者的故事

鲍勃在工作

不知出于何种心态，一看鲍勃都有些不淡定了，我反而淡定了一些。我还有时间可以先对鲍勃的报道进行消化吸收，尽可能囊括各方观点。作为美国最领先的财经媒体之一，CNBC 的消息始终走在其他财经媒体的前面。比起真正创造内容的 CNBC 来说，不少媒体的新闻顶多只能算"二手消息"。

拒绝从商的叛逆少年

鲍勃是美国家喻户晓的财经主播，从 1990 年加入 CNBC 至今，曾两次获得电视王牌奖提名。他自 1997 年起入驻纽交所一直负责报道股市新闻。我想，如果没什么意外，估计他会一直在这儿干到退休。

其实,鲍勃一直都梦想成为一名纪实作家,写一些"高大上"的主题。尽管他出生在一个从事房地产生意的家族中,但在他成长期间,他心目中的英雄始终是诺曼·梅勒(Norman Mailer)、盖伊·特立斯(Gay Talese)、亨特·斯托克顿·汤普森(Hunter Stockton Thompson)这样的知名作家,他们在那个年代写的都是具有社会影响力的话题,比如太空计划、妇女权利等。在20世纪60年代的美国,作家们是公共议题最活跃的群体,他们对引导社会话题起着非常重要的作用。"现在不再如此了,流行歌手代替了作家,而我那时希望自己成为诺曼·梅勒那样的作家。"鲍勃如是说。

鲍勃的父亲拉尔夫·皮萨尼(Ralph Pisani)是一位费城的房地产建筑商,赚了很多钱。当鲍勃告诉他,自己想当作家的时候,父亲认为儿子疯了。老皮萨尼希望儿子能子承父业,但儿子显然不这么想。也许当时在父亲看来,鲍勃只是年少轻狂,不懂生活的艰辛。老皮萨尼出身贫穷,是从纽约布朗克斯区走出来的意大利裔人,从小就家境贫寒。好不容易发家了,自己的儿子却要选择一个没有"钱途"的职业,他觉得不可思议:"现在我们在宾夕法尼亚州的巴克士郡有一栋不错的房子,难道你不想也拥有一处不错的房产吗?"

鲍勃回答说:"我想,但我不想从事房地产,我想当作家,我想当记者。"

老皮萨尼看着他儿子,想让他意识到自己的想法有多么荒谬,他说:"鲍勃,当记者能挣多少钱?"

鲍勃耸耸肩:"我不知道。"

老皮萨尼说:"你想进入一个你都不知道能挣多少钱的行业?!

第十四章　美国王牌记者的故事

我告诉你，你可以在地产业挣很多钱。作为你的父亲，我认为你应该重新考虑一下。"

年轻的鲍勃拒绝了父亲的提议，他想成为像诺曼·梅勒那样出色的作家，或成为一位优秀的记者，像传奇新闻主播沃尔特·克朗凯特（Walter Cronkite）那样。鲍勃的人生理想严重背离了父亲对他的期待，接下来的好几年，父子关系也一度陷入僵局，老皮萨尼认定他儿子犯下了一个很大的错误。

那是1977年的事。40年后，尽管鲍勃早已成为美国家喻户晓的王牌记者，但依旧免不了被他父亲戏谑："我想让你从事房地产行业，你却总想要当作家。结果你先成了房地产作家，你因为写了一本地产类的书才获得了现在的工作。"不管怎样，老皮萨尼都认为儿子的成绩始终离不开房地产这个行当。

为即将到来的幸运做好准备

鲍勃在学校学的专业是数学和物理，所有房地产的相关知识都来自父亲老皮萨尼。"其实我参与他的工程项目好几年了，我指的是真正的项目，而不是坐在办公室里完成一张电子表格。"在和父亲一起工作的时候，鲍勃和木匠们一起捆绑木材，干实打实的体力活儿，并知道了一座楼究竟是如何建起来的。实践之后，鲍勃觉得这一行太无聊，所以他下定决心不加入父亲的生意。

生气归生气，老皮萨尼还是盼着儿子有一天能回心转意。20世纪80年代中期，老皮萨尼受邀到宾夕法尼亚大学沃顿商学院授课，内容是房地产开发。父亲邀请鲍勃和他一同授课。鲍勃说："我父亲并不是学者，而是职业建筑商，而我那时是作家。当他受邀去授课时，他便让我一起参与授课。在这期间，我俩合作写了一本关于房地产开发的教材。"这本父子俩合作的书叫作"投资土地——如何做一名成功的开发商"（*Investing in Land：How to Be a Successful Developer*），于1989年由出版商约翰威立（John Wiley & Sons）出版发行。

我和鲍勃之间的沟通似乎时不时会冒出点儿"代沟"。比如我想看看他写的书，鲍勃表示不解，他说这是一本30年前的书，没有什么可看的。但他还是从办公室里翻箱倒柜地把这本书找了出来，并极力推荐我看第二章。这是他自己最喜欢的一个章节，里面讲的是欧美房地产开发的简史，从欧洲介绍到美国，特别是纽约市房地产开发的整个历程。比如富人们是如何从第五大道的60街被迫搬迁到北面的90街的，开发城郊的想法为何是在19世纪中叶开始出现的，再比如19世纪70年代纽约长岛花园城的开发计划为何是彻头彻尾的失败。也许是我在纽约生活了6年，对这座城市极其熟悉的缘故，加上作者文笔行云流水，内容出人意料的精彩，我竟一口气读完了整个章节。

"之所以和你提到这本书，是因为这本书对我的一生很重要。"鲍勃开始讲述他人生中最重要的转折点，"1985年至1992年，我父亲和我作为客座教授，在沃顿商学院上课，介绍房地产开发的基本知识。1989年我俩合作的书在约翰威立出版发行，那时恰巧CNBC正式开播。我有一位朋友被CNBC聘去当制片人，所以在CNBC刚起步时，我被邀请去当节目嘉宾。一年后，我便成为CNBC的房地产记者。所以，我后来的这些经历都拜我之前的工作经历以及出书

第十四章　美国王牌记者的故事

所赐。"

"你如何说服 CNBC 招你当记者的？"这是我最好奇的地方。

"首先，我作为嘉宾上了几次 CNBC 的节目，接着在 1989 年年末，我给 CNBC 的副主席写了一封信，预测了在 1990 年发生的 20 则头条新闻，告诉他 1990 年的房地产市场将会发生什么。"CNBC 副主席看完信就给鲍勃打电话，说："你写得很有趣，我很喜欢。但我不知道你想要什么，你是在找工作吗？"

鲍勃直截了当地回答："是的，我想要一份工作。我想成为 CNBC 的房地产记者。"

副主席对鲍勃的印象很好，但房地产记者毕竟是鲍勃自己凭空想出来的工作岗位，他对鲍勃说："那你过来我们聊聊。"

鲍勃和副主席谈了一些关于市场的内容，但更多的是在讨论如何卖房子。副主席有一套共管式的公寓，他想把它卖出去，于是鲍勃给了他一些卖房子的建议。那是一场很简短的对话。但显然，副主席对鲍勃很满意。见面后不久，CNBC 便联系鲍勃告诉他可以来上班。不过，要进电视台工作，鲍勃还需要通过律师这一关，电视台律师是大卫·扎斯拉夫（David Zaslav），现在在业界非常出名。大卫困惑地问鲍勃："我知道副主席非常喜欢你，但我不明白电视台为什么要招一名房地产记者。你能告诉我为什么吗？"

鲍勃从容自信地答道："因为在美国大概 40% 的家庭拥有股票，60% 的家庭拥有房产。但你们没有任何记者对那 60% 的家庭解释他们应该做什么。这将是我的工作。"

大卫看了看鲍勃，微微一笑："这是一个很棒的回答。"

就这样，在 1990 年年中，鲍勃正式成为 CNBC 的房地产记者。

亲历纽交所

1996年,鲍勃花了一年的时间采访各大公司的CEO,报道他们如何运作公司。再到1997年年中,他成为CNBC股市记者,来到了纽交所,时至今日,他已在纽交所待了20多年。作为王牌记者,鲍勃和他的秘书在纽交所有一间专门的办公室,彰显着他受到的特殊待遇。

走向成功或实现梦想最重要的一点是懂得识别机会,因为机会总会在不经意间悄悄到来,你需要发现机会并及时做决定。在鲍勃的职业生涯中,与CNBC高管的两次见面改变了他的人生轨迹。此刻的鲍勃,半仰在他的座椅上,和我总结他的心路历程:"我经常说很多时候人生都是纯属运气。有一个特别美妙的词叫作'意外之得'(Serendipity),指的是幸福的意外或愉快的惊喜。在我的一生中,就是那次偶然的运气,改变了我的一生。"

鲍勃的运气占尽天时、地利与人和。专著的出版,CNBC正式开播,以及有一个在CNBC当制片人的朋友,这三者将鲍勃带进了电视媒体行业。这些可以叫作偶然的运气。不过,除了运气,更重要的在于是否能够抓住机遇。当时的他,看到了蕴藏发展潜力的财经媒体行业,听从了内心的使唤,于是展开行动,认定自己会在这个领域有所作为。人生不是随风飘荡的树叶,每个人都可以通过决策和意志力书写自己的人生。机会很重要,而人生的诀窍就是学会识别它。怎么做?当你看到机会时,勇于尝试,试图利用它,极有可能因此而改变你的一生。不过别忘了,你也需要为你的幸运降临做好准备。机会偏爱有准备的人。

我很羡慕鲍勃,随着传统媒体的日益衰落,我无缘去体验那个独属于电视广播的黄金时代,那个方兴未艾、人才涌现的辉煌年

第十四章　美国王牌记者的故事

代。我更加佩服鲍勃，因为他凭借自己的口才和专业知识，"轻松"拿下了这个机会。无论电视媒体如何被颠覆，他都始终站在业界的最前方。当然，他成功的背后是日复一日的坚持与热爱。

站在纽交所，你就能见到全世界的名人

2017 年是鲍勃进入纽交所的第 20 个年头。1997 年当他第一次走进纽交所时，交易大厅里有 5 000 人，其中 95% 都是男性。20 年后，交易员人数降到了不足 500 人。比鲍勃更早来到纽交所的是 CNBC 的另一名主持人玛丽亚·巴尔蒂罗莫，她也是首位在纽交所交易大厅做现场报道的记者。在女少男多的交易大厅里，她被大家称为"金钱甜心"。

"你认为男性记者在这个充满雄性荷尔蒙的场所里，是优势还是劣势？"我很好奇。

鲍勃摇摇头："不存在优势还是劣势。无论出于何种原因，大厅里女性总是很少。事实上，我认为在金融市场，在华尔街工作的女性数量都比较少。我希望能在这里看到更多的女性，或者说希望更多的女性出现在各行各业，但在交易大厅里工作的人 95% 都是男性。"

鲍勃是一名不折不扣的女性主义者。从 2017 年下半年开始，美国不断爆出名人性骚扰丑闻，从好莱坞著名制片人到 NBC 当家主播，引起全社会热议。一天中午，我在纽交所地下一层碰见了刚买好午餐的鲍勃。我们闲聊的话题自然离不开眼下热议的性骚扰事件。此刻的鲍勃显得有些气愤："我有一天问我母亲，你工作的那个年代，遇过性骚扰吗？我母亲笑道，四五十年代根本没有这个

词，因为当时是稀松平常的事情。"鲍勃的母亲曾在纽约最老牌的奢侈品商场波道夫·古德曼（Bergdorf Goodman）与服装模特一起共事，她说每个模特都会遭遇性骚扰，太常见了。这也是她坚决不当模特的原因。鲍勃和我谈起他的母亲，受到母亲的影响，他一直是女性主义者。"你的孩子是男孩还是女孩？"鲍勃问我。我答道："男孩。"鲍勃说："哦，那他也会成为一名女性主义者。"

采访过程中，我急迫地想知道，他为什么在纽交所一待就是20年，纽交所对他来说又意味着什么？鲍勃应该是目前在纽交所工作时间最长的记者了，待的年头甚至超过了很多交易员。

显然，我并不是第一个问他这个问题的人。鲍勃的回答信手拈来："人们问我，你为什么在这里待了这么久？其中一个原因是我真的很享受在这遇见各种名人、各种有趣的人。同时，如果你对报道全球经济有兴趣，这里自然是最棒的地方之一。"

我一边点头一边表示同意。纽交所的确是全世界名人汇聚的地方之一。只需每天站在交易大厅的敲钟台下，就能见到全世界的名人。我想这可能是全世界唯一一个可以守株待兔和名人们会面的地方。"有些时候我和名人进行正式的采访，但大多数时候并非如此，我都是上前和他们打招呼，与他们聊天。他们可能是一家重要公司的CEO，也可能是歌星。我敢说，我在这里遇见了所有你想见的流行歌手和摇滚歌星。"

我的脑海中一下子涌现出我这些年见到的各界名流。太多名人来过纽交所的交易大厅，这里是美国金融中心的象征，与金钱、政治密不可分。我曾在交易大厅见过诺贝尔经济学奖获得者罗伯特·席勒（Robert Shiller），我当时冲上去激动地自我介绍，颤抖着

第十四章 美国王牌记者的故事

接过他从上衣口袋里翻出的名片，嘴里直嘟囔着："我几乎每月都在播报您编制的凯斯－席勒20大城市房价综合指数（Case-Shiller Index）啊。"我在交易大厅还碰见过美国商务部长威尔伯·罗斯（Wilbur Ross Jr.），他平易近人，亲切地和我握手。我也在纽交所数次见过世行首席经济学家林毅夫，他每年都会到纽交所参加中美经济论坛。搜狗上市时，我在纽交所地下一层迎面撞见正往电梯走去的张朝阳，虽然没有任何准备，但我还是逮住张朝阳问他能否接受采访。他回复我说要赶去开会。我急忙说："那我为您拍张照吧。"张朝阳友善地站好等我为他照片。于是我用自己的手机为他拍了一张高质量的单人照，随后便看着他快步走进电梯，至今我也不知道该如何把这张照片传给他。一周后，融360旗下的简普科技上市，我又在纽交所大门外碰见了正在拿着手机找自拍背景的明星任泉，我便直接拿着手机完成了对任泉的即兴采访。毫不夸张地说，对于财经记者而言，在纽交所守株待兔就能完成工作。

"蒂姆·库克（Tim Cook）2016年也短暂地到过交易大厅，那时苹果公司最新的无线耳机问世不久，我们进行了简短的交流。"鲍勃把我从回忆中拉了回来。"是呀，那天我也在交易大厅。我还看见你采访了蒂姆·库克。"我点点头回应他。

2016年12月28日接近中午时分，苹果公司CEO蒂姆·库克突然现身纽交所交易大厅。这次来访并不是为了公务，而是一次私人拜访，库克想带他的小侄子见识一下纽交所的交易大厅。蒂姆·库克很爱他的小侄子，他曾在2015年公开表示，在帮助抚养侄子完成大学学业后，他将捐出个人所有的财产。按照当时他在苹果公司的持股计算，库克的个人资产接近8亿美元。此刻，无数次

亲历纽交所

出现在我新闻播报中的蒂姆·库克就在眼前1米开外的地方，带着他的侄子站在巴克莱交易台旁与交易员聊天，鲍勃则已经拿着话筒站在一旁，和摄影师各就各位，准备现场采访库克，福克斯新闻台的女主播也蹭到库克旁边，伺机和库克合影。只见鲍勃迅速找到一个插话机会，把话筒杵到了库克嘴边，早有工作默契的摄影师随即摁下录制按钮，开始直播。几分钟后，一条题为"苹果CEO蒂姆·库克：无线耳机（AirPods）大获成功，承诺全速生产"的新闻传遍全球。

不过，和现场激动的记者们反应大相径庭的是交易员们的淡然和冷静。在库克拜访交易大厅期间，交易员们全然一副事不关己的状态，忙着各自的工作，没有人围观，更没有所谓的"求合照"。科技巨头公司的CEO蒂姆·库克如同一位普通的参观者，自在又轻松。

作为财经记者，我无疑对鲍勃羡慕得要命，因为他装备着随手可用的采访设备（当然现在用手机也能实现），更主要是他具备取之不尽的知识和阅历，这让他能够与任何一个大人物畅所欲言，不费吹灰之力就能制造新闻头条。

"谁是你在纽交所遇见的最有趣的人？"我意犹未尽，继续追问他。鲍勃在纽交所待了20多年，见过的名人自然是我的几十倍。鲍勃见过西班牙王室成员、希拉里·克林顿、摇滚乐队莫特利·克鲁（Motley Crue）、"007系列"邦德的扮演者电影演员肖恩·康纳利（Sean Connery）等几乎他所想见的所有文化名流。按他的话说，对于这类并无太多商业话题的谈话，只需站在那里和他们聊上10分钟，就令人满足了。

"对我意义最大的可能要数沃尔特·克朗凯特了。在1960—1970年，他是美国最出名的电视记者，我是看着他的节目长大的。"鲍勃告诉我一个我并不熟悉的名字,"1999年,他来到交易大厅,我特别开心,因为从私人角度,他对我意义重大。"克朗凯特花了差不多半小时和鲍勃聊天,询问他当一名金融记者的感受。因为在20世纪70、80年代的时候,财经新闻行业尚未发展壮大。但当金融市场在90年代爆发时,CNBC迅速成长并成为全美最具权威性的财经媒体,金融新闻成了全社会的热门话题。克朗凯特对于当时金融成为热门新闻话题很感兴趣,导致本应是鲍勃采访克朗凯特的节目,几乎转换了角色,鲍勃反而成了被访对象。"我感到受宠若惊,我还有一张和他合影的照片。虽然那场对话仅仅持续了半个小时或者45分钟,但对我来说非常特别。"

鲍勃继续说道:"我想重点在于,如果说曾梦想见到谁,我都在这里实现了。这就是纽交所的特别之处。"

报道重大金融危机的挑战

"你工作中遇到过的最大的挑战是什么?"我开始尝试把鲍勃拉回严肃的话题。

"应该是2000年的互联网泡沫和2008年的金融危机。我曾报道过的这两大危机,难点在于如何向观众诠释发生了什么。此外还有1997年发生的亚洲金融危机和'9·11'事件。"鲍勃迅速从记忆中将细枝末节逐一理清,以"第一、第二、第三"的结构进行归纳总结,这是典型的理科生思路,也是他最爱使用的报道框架。

鲍勃刚到纽交所的1997年发生了亚洲金融危机,当时的"泰铢危机"是整场经济危机的导火索。在1997年,互联网尚处于早期阶段，记者们还不能像现在这样利用互联网查询资料，对于身处西半球的记者来说，几乎没有任何与亚洲市场的联系方式。"我记得那时我不得不努力地去联系海外的人，尽一切可能了解发生的事情。随后又发生了俄罗斯债务危机。紧跟着又是2000年的互联网泡沫，许多早期上市的科技股基本全线崩溃。这样的新闻事件很难报道，因为我需要花很多时间去了解相关领域，研究到底出了什么问题。除了不断地学习，在那个年代，我还必须想尽各种方法寻找资源和新闻线索。不过，'9·11'事件才是我经历的最糟糕的一件事。第一，美国当时即将步入经济衰退期，而'9·11'事件加速了这个过程。第二，当世贸中心开始崩塌时，我就在楼下。我亲历了这一切。那场景异常可怕，如果躲不开，那么真的就会死掉。交易大厅里几乎每一个人都有朋友在那场事件中死去，我也有5位朋友遇难。在接下来的一年中，整个区域都弥漫着烟雾、黑暗、悲伤和抑郁。显然，你要继续前进，这就是生活，生活需要继续，不论你想还是不想。"

如果要给鲍勃遇到的挑战进行排序，除了"9·11"事件，2008年的金融危机是他报道过的最严重的灾难。美国从1946年初至1964年年底出生的人群，被称为"婴儿潮一代"。这一代人为退休生活储蓄了很多钱，并将他们的个人养老金大量投入到股票市场，并购买第二套房产用作投资。根据统计数据，当时有56%的"401（k）养老金计划"投资到股市，而随着道指在金融危机中暴跌，近2万亿美元的个人养老金资产蒸发，导致许多已进入退休生活的美国人退休金大幅缩水。大家被迫开始卖房，甚至是贱价出售。尽管美国经济在危机后重振，但很多人已经决定不再进入股市，不再进行投资。

"在互联网被广泛应用之前,你如何搜集信息呢?"我难以想象那个年代如何进行资料整合。

"通过书籍。"鲍勃回答说,"在20世纪90年代,我在电视台的首要任务之一就是给所有'标普500'的公司打电话,我找这500家公司要年度报告的可复制版本。报告可是真正的纸张,而不是存在什么硬盘里。我们那时有巨量的文本文件,主要是所有公司的年度报告,所有'标普500公司'的财年报告。我们还会通过分析师的'账簿'寻找分析师的观点。通过打电话和看书完成新闻的编写和制作。总之,我们竟然做到了。"鲍勃所说的"账簿",指的是"股票经纪人账簿"(Specialist Book),纽交所的股票经纪人用于保存他们以特定价格执行的买卖订单的记录,也包括他们自己的库存或证券,属于不公开信息。

鲍勃也是人工智能的支持者,虽说随着互联网技术的应用,我们不再需要翻阅笨重的书本来查找信息,但随着信息的爆炸,媒体的工作变得更加复杂。数据越多,我们对一件事的理解方式也就越来越多。这时,便需要通过数据分析工具来对信息进行筛选排序,寻找"噪音中的信号"。通过人工智能精确定位重要内容,提升新闻生产的效率,这将成为未来媒体的方向。

真的有人看你的新闻吗?

"作为一个传统媒体工作者,我的一大困惑就是人们是否真的还在听我们报道的新闻,谁是我的受众?你思考过这个问题吗?"

我再次抛给鲍勃一个沉重的话题，我期待他能为我答疑解惑。

鲍勃并未思考便脱口而出："当然有人在关注我们的新闻。原因就是你不仅仅在为电视台工作。几年前我见到我的老板，我问他，我在为谁工作？是电台？电视台？还是CNBC的网站？还是领英（LinkedIn）？他回答我说，现在我是在为所有人工作。因为信息传播的方式太多了。"

鲍勃很注重利用新媒体。他会把文章发布到领英上，他还有自己的推特账户，有近7万名粉丝关注他的动态。他坚持每天将重要的市场信息通过各种渠道发送出去，确保关注他的受众随时随地都能收到信息。同时，他每天还会完成两份供电台广播的报告。"所以，我想说的重点是，如果我只出现在电视上，那么的确我会对是否有效传播信息而感到忧虑。现在需要利用各种平台来确保我的信息能更广泛地传送出去。"

"这是财经媒体的未来吗？"我接着问。

"这是新闻的未来。或者说，这是所有事情的未来。你必须要在多个平台上工作。很微妙的一点是，你不能太过专注于某一个平台。"显然，这是鲍勃颇有心得的一个体会。"5年前，许多媒体人都沉迷于如何增加自己推特上的粉丝数量，但我从未担心过这个问题。因为我更关注的是如何把信息传播出去，如何让人们在任何场合都能接收信息，是否关注我的推特并不重要。"

鲍勃认为，相比于在某个平台拥有多少粉丝，更重要的是传播渠道的多样化。的确，这意味着每个记者的工作量都会翻倍，因为每个平台所要求的传播方式和特点各有不同，尽管内容相似，但仍需要用不同的方式写作，而非简单地将同一篇文章粘贴复制。也许

第十四章 美国王牌记者的故事

在未来，媒体人可以借助人工智能将信息"量体裁衣"，更便捷地发布在不同的平台。

媒体人必须拥抱科技，如果拒绝的话，无疑会被时代抛弃。现在都在讨论新闻人应如何转型，我想首要一点就是心态上的转型。鲍勃在新闻领域工作了28年，他之所以能持之以恒，一方面是时代大环境的支持，他足够幸运地进入了一个迅速成长的行业。[①] 另一方面，自然是他对这个行业近乎疯狂的热爱。

鲍勃每天基本都处于饱和的工作状态。他每天早晨5点起床，开始查看亚洲市场的走势。早上6点55分，他会出现在华尔街的一家咖啡店，查看当地新闻和其他消息，并和外界联系确定消息的真实性。下午6点左右他从纽交所离开，和交易员出去共进晚餐，并争取在9点之前回家。"这份工作的问题之一是你只能全盘接受它，但凡你想有所挣扎，你就会遇上麻烦。我是一名真正的记者，记者需要有资源，这些资源的观点应是大家所认可和尊重的。这要求我尽可能多地与人交流，明确发生了什么事情，明确我对一件事物的理解是正确的，明确我能精确解释一件复杂的事情并对此充满自信。海明威曾说过，每一个优秀的作家，需要在工作的时候配备避震防跌的侦查器。也就是说，你需要对人们谈论的内容有所过滤，分辨基金经理们的观点哪些真正具有价值，哪些是胡言乱语。"

这位美国顶尖财经记者的职场生存之道是：第一，停止挣扎，全身心扑在工作上，对任何领域都具有好奇心和学习能力；第二，

[①] 在鲍勃进入CNBC时，有线电视刚刚诞生，为了和CNN竞争，NBC创建了主攻金融和商业内容的CNBC。

亲历纽交所

需要具备拓展资源的能力，并且能够忽略信息噪音，寻找要点；第三，在广播新闻这个领域，还需要掌握在公众场合说话的能力。这与写作或采访的技能完全不同，因为将思想和观点经大脑解读，将信息重整成一个连贯的逻辑通过口头表达出来并非易事。在各个行业都有很多专家，他们具有丰富的经验和完善的知识，但是有些人在镜头前无法清楚地表达出来，他们不懂如何把专业知识转换成电视语言和观众进行交流。当一名记者或主持人面对镜头时，至少要向大家传达3个方面的内容：诚意、权威和令人愉悦的友善。

鲍勃也有畏惧的事情。他唯一害怕的就是在未来某一天，他对获取信息的渴望突然消失，对未来可能发生在自己身上的事情不再关心。因为对于一个成功的记者来说，首当其冲的技能是好奇心，正是好奇心驱动着媒体人不断探索。

纽交所的发展反映了科技的演变

"你觉得现在的交易大厅还有价值吗？"我问他。

"交易大厅依旧具有很多价值。"这个回答在我意料之中，我更感兴趣的是他给出的理由，"交易大厅的指定做市商，依旧是其所负责的股票的最大做市商。虽然现在它们交易的股票数量比过去少了很多，但哪怕只有总量的5%、6%、7%或8%，在大多数情况下它们依旧是这只股票最主要的交易者，它们非常密切地跟踪着股票的走势。"

我开始频频点头。对于财经记者来说，结识交易大厅的交易员仍有很重要的意义，在交易大厅里，藏着很多有用的信息。有人

第十四章 美国王牌记者的故事

鲍勃 2018 年于纽交所交易大厅

说，纽交所的黄金时代已经过去了，但这里依旧是记者们获取一手信息的宝库。无论是股市大涨大跌，还是某家上市公司股价剧烈震荡，或最新出炉的经济数据出人意料，我都会径直跑进交易大厅，向交易员们讨教观点。他们会从特定的角度解释市场现象，预测某种趋势。我想，除了纽交所，没有其他地方能具备这样丰富的资源库。

大家总觉得纽交所跟不上科技的步伐，但其实纽交所的发展变迁恰恰反映了科技的演变。可能会让你大吃一惊的是，纽交所的交易大厅是全球率先拥有电话的地方之一。可以说，纽交所曾是科技领域的领导者。到了 20 世纪 70、80 年代，迫于纳斯达克带来的竞争压力，纽交所继续加大科技方面的变革力度，于是引入了更为自动化的交易系统。2001年，纽交所发生戏剧性的改变，决定改为小数点制，最低报价单位是1美分。此前，交易的最低涨跌单位曾是1/8美元。

鲍勃接着说："现在市场多了很多竞争者，纽交所的业务量逐渐下滑，但纽交所最终全盘接受了这些变化。现在的市场结构是否真优化了，可能还存在争议，但我认为是变得更好了。如果在30年前，我想买100股IBM股票，肯定会耗费几百美元，甚至上千美元，然后最多要花上一两天的时间来确定真的完成了交易。现在，100股或1 000股的股票交易成本在0至8美元左右，1秒钟不到你就可以确认。对于普通投资者来说交易更加便捷。我不能确定大厅还能否继续运行20年，但我可以告诉你，我们就交易大厅是否还会存在这个话题已经讨论了20年，现在交易大厅依旧存在，只不过比起过去业务量小了很多。"

第十五章
纽交所的亚洲职员

"和你说句实话，我真正愿意看见的，就是很多来美国上市的中国公司回国之后，真的扩展了商业版图，比如招聘人员、扩展运营、收购公司、扩大产品线。"Sam 接着说，"就算其中一些公司开展了私有化，重新变回私营公司的模式，但也是变得更大更强了。2011 年奇虎 360 来纽交所上市的场景我还记忆犹新，上市当天的收盘价比发行价涨了 134%。几年后，这家公司开始进行私有化，我认为在当地市场对它的估值会更高。而此时的中国市场早已成熟，足以迎接那些通过私有化回国上市的中概股。公司不应该将纽交所视为企业发展的终极目标，限制它们的融资选择，而应该去寻找可以提供最好估值的金融市场。"

提到纽交所，人们总会想到人头攒动、热闹非凡的交易大厅，那里有一触即发的实时股票交易，光鲜夺目的上市敲钟仪式，唇枪舌剑的媒体直播，明星政要的现身更能带来一波又一波高潮。而在交易大厅的光芒之下，纽交所的另一面却容易被大家忽略，那就是纽交所的上市部。当一家公司寻求进入资本市场时，首先要做的是选择一家交易所挂牌。如果没有上市部的工作，那些发生在交易大厅激动人心的 IPO 敲钟仪式以及股票交易也就无从谈起。如果将交易大厅看作"台前"，那么为纽交所运转提供引擎、为其存活提供血液的上市部就是"幕后"，它与前者密不可分，同等重要。

　　根据纽交所发布的 2012 年年度报告，上市费用的收入占据了交易所总收入的 12% 左右，为其第二大收入来源。[①] 对于上市部的员工来说，他们一方面需要检验有上市意向的公司在资金规模、运行管理等各方面是否符合交易所的挂牌要求，另一方面也要"主动出击"，吸引优质公司选择纽交所挂牌交易。

[①] 第一大来源是基于交易的费用，占总收入的 62%。资料来源：http://ir.theice.com/~/media/Files/I/Ice-IR/annual-reports/2012/nyseeuronext-10k-20130226.pdf。

亲历纽交所

一直以来,华尔街最受瞩目的两大股票交易所——纽交所与纳斯达克交易所之间的上市公司争夺大战从未停止过。这两家公司不仅要争抢那些准备上市的公司,也对挖彼此的"墙脚"乐此不疲,比如说服已经在竞争对手处挂牌的公司转板到自己的交易所。在纽交所的官网上,就曾放着2017年从纳斯达克跳到纽交所上市的通讯巨头黑莓公司的上市图片。对于交易所来说,上市费用的收入算是一方面,能将享誉全球的企业或独角兽收入"囊"中,更是品牌影响力的最好证明。这也是为什么,相隔不到6公里的纽交所与纳斯达克始终全情投入在对上市公司的你争我夺之中。

萨姆·范(Sam Van),越南裔美国人,个子不高,谈吐温文儒雅。虽然身穿西装,却总穿着一双运动鞋,明显是风驰电掣的工作节奏。采访萨姆是经过一位好朋友的介绍才达成的。萨姆在纽约金融圈中名气不小,因为他不仅是少数曾在纽交所职务级别较高的亚裔之一,而且负责纽交所的一项核心业务:上市。

与萨姆相约的专访地点,是在他自己的办公室里。此时的他已经离开了美国金融业监管局(the Financial Industry Regulatory Authority,简称FINRA),自立门户成立了公司,为企业提供金融类咨询服务,他的同事还包括几位同样曾在纽交所工作的交易员。尽管曾就职于美国最具影响力的两大金融机构,但萨姆更享受自己当老板的状态,因为他可以掌握自己想要的业务方向,迎接更多的冒险,当然,作为挑战自我的回报,他的收入也在成倍增加。"如果你想度假,你可以随时出发。不过,这同时也是一份每天工作24小时、每周工作7天的无间断工作。"萨姆的英文发音很标准,甚至比许多美国人的口音更容易识别和理解。

第十五章 纽交所的亚洲职员

萨姆在纽交所敲钟台上

等待会获得更高的回报率

1991年,13岁的萨姆和家人一起从越南移民到美国,他们一家住在曼哈顿下方的史丹顿岛上。刚到美国时,他们的家庭收入微薄,所以家里每个成员都在外挣钱。萨姆的母亲在一家疗养院工作,他和两个哥哥也会在课后兼职打工,补贴家用。这是很多初来美国的移民家庭典型的生活方式。

虽然萨姆到了美国才开始学英语,但对于金融的认识和兴趣,早在赴美之前就懵懵懂懂形成了。"当我还是小孩的时候,1985年越南发生了经济危机,那时通货膨胀率飙升,食品价格高得可怕,越南盾的价值每天都发生变化,在那时唯一可以持有的稳定货币是美元。"萨姆回忆说。

当萨姆到了美国后,有关金融方面的事件总能引发他的兴趣。

亲历纽交所

16岁的时候，他经常与一位名叫沃利·怀特曼（Wally Whiteman）的绅士打网球，后者是一家银行的高管。一次，有一家储蓄银行正在进行IPO，怀特曼先生问萨姆："你有多少钱？"

当时萨姆连IPO是什么都不知道，但他很信任这位先生，他礼貌地回答说："我有100美元，那是我暑期打工攒下来的。"

怀特曼先生接着问："你为什么不拿来投资呢？你把100美元给我，我帮你买这家IPO银行的股票。"

连银行账户都没有的萨姆把积攒的钱全数交给了怀特曼先生，怀特曼还自掏腰包帮他添了100美元。一周后，萨姆的投资回报初见成效，满心欢喜，他准备卖出股票。怀特曼先生却让他再多等一段时间。3个月之后，萨姆拿回了300美元。那是令他终身难忘的投资之一，也标志着他开始正式接触金融业。

大学期间，萨姆从事的实习工作也全都围绕着华尔街进行，他还利用一切课余时间大量阅读《华尔街日报》、投资网站价值线（Value Line）等，获取市场信息。"大一的时候我去了摩根大通交易部门，我极有可能是那里最年轻的实习生，并亲眼见证了那些依靠佣金获得收入的交易员究竟挣了多少钱。当时我就在想，这真是一份不赖的工作啊！"大二大三，他又进入摩根士丹利的资产管理部门当实习生，并将实习所挣的钱用于支付大学学费。

2001年7月，萨姆大学毕业，正式进入纽交所工作，他在纽交所的第一份工作是监管部门的检察员，负责监管交易大厅的所有交易员的交易活动。每年特定时候，萨姆需要审核所有交易的相关信息，包括客户账户、商业行为、合规项目、账簿和记录等内容，确保交易大厅的"成员"不存在欺骗行为。刚进入纽交所的时候，面

第十五章　纽交所的亚洲职员

对眼前堆积如山的文件，尽管具备金融从业背景，但萨姆仍一头雾水。谈到此，萨姆一本正经地说："当你在很年轻时进入一家公司，又对公司的运作一无所知的时候，很容易问许多愚蠢的问题，但那些听上去很简单的问题，实际上难以回答，他们这时就不得不告诉你有关商业如何运转的所有内容。这恰恰是一种很好的学习方式。"

纽交所并非上市终极目标

2006年，在监管部门工作了四年半后，萨姆调到了纽交所的国际上市部，正式开启了他与"中概股"[1]的故事。当时，纽交所的国际上市部一共分4组，分别是亚洲、加拿大、拉丁美洲及欧洲。在萨姆刚入组的时候，大概有50～60家亚洲公司在纽交所上市，6年后，萨姆所在的组将亚洲上市公司的数量扩展到了160家以上，为纽交所的收入做出了很大贡献。

萨姆主要负责亚洲上市公司到美国之后的接应工作，同时基于他的越南裔背景，他还兼顾东南亚市场。2008年之前，他所经手的中概股IPO项目包括新东方、无锡尚德及赛维LDK，其中太阳能产品制造商赛维LDK一度是历史上中国企业在美单一发行最大的IPO项目。[2] 2008年，纽交所收购美国证券交易所，萨姆被任命为美交所国际部亚洲市场主管。据萨姆回忆，收购之初，在美交所上市的亚洲公司只有两家，而在2012年萨姆离职时，数量已经达到35～40家。

---

[1] 资料来源：http://www.ssf.gov.cn/yjypz/201801/P020180130549357765068.pdf。
[2] 2014年4月，纽交所宣布将把赛维LDK的美国存托股票（ADS）除牌。

亲历纽交所

"如果纯粹只看 IPO 数量的话，中国公司赴美 IPO 最活跃的年份是在 2007 年和 2010 年。"根据萨姆的研究，从 2000 年至 2017 年，赴美上市的中国公司数量如过山车般起伏不定。萨姆接着说："也有一些公司甚至是在 2000 年之前就准备赴美上市的，因为那时的上交所还相对年轻，尚未做好迎接大型 IPO 的准备。所以当时对很多中国公司来说，到美国 IPO 是情理之中的事。我并不是说美国市场就是全球最好的，但是在监管、政策、透明度和流动性等方面，美国市场比其他大多数市场做得要好。"那么，所谓的"透明度"究竟是什么？萨姆认为，透明度的本质是公司必须尽可能多地公开信息，而这些信息应是公司商业运营最为关键的内容，以帮助投资者做出正确的投资决定。无论信息是好是坏，都应该悉数告知股东。

根据萨姆对中概股上市趋势的研究，自 2000 年以来的 18 年间（截至 2018 年 5 月），约 192 家中国公司赴美上市，其中有 84 家公司因各种原因先后进行了私有化、并购，或被摘牌。剩下的 100 多家中国公司目前仍在纽交所或纳斯达克交易所交易。

在 2000—2005 年美国互联网企业上市热潮，中国的国有企业和早期的科技创业公司是美国 IPO 市场的主要驱动力之一。其中，中国电信于 2002 年登陆纽交所。2006—2007 年，全球投资者都在寻求超高增长回报，赴美上市的中国公司数量骤增，太阳能、游戏、教育、酒店，以及医疗行业纷纷参与其中。尽管到了 2008 年和 2009 年，美国金融危机的出现使中概股赴美 IPO 的步伐放缓，但中概股的上市浪潮在接下来的 2010 年攀至顶峰。到了 2011 年，赴美上市的中国企业数量开始下滑，由于浑水研究公司（Muddy Waters Research）、香橼研究公司（Citron Research）等"臭名昭

第十五章 纽交所的亚洲职员

著"的空头机构对部分中国公司狙击,中概股一度在美国陷入寒冬,在 2012 年赴美上市的公司数量触及历史低位。中概股的"冰冻期"一直等到 2014 年阿里巴巴、京东和新浪微博等企业上市才得以"解冻"。

"中国创业公司开始大量涌进华尔街是从 2005 年开始。"萨姆回忆道,"携程和百度分别在 2003 年和 2005 年登陆纳斯达克,新东方在 2006 年成为中国首家挂牌纽交所的民办教育机构。那是中国创业公司在华尔街崭露头角、出类拔萃的年代。"

2015 年左右,中概股再度掀起私有化浪潮,其中一大原因是 A 股市场大幅攀升,令美股市场的估值水平不敌 A 股市场。分众传媒是第一家成功回归 A 股市场的公司,而曾在纽交所上市的科技公司奇虎 360 也在 2018 年 2 月正式回归 A 股市场,在上市第一天公司的市值相较从美退市时的估值翻了 6 倍之多。此外,中国推出鼓励与欢迎的政策,也令大批"身处异乡"的中国上市公司相继表达了"返乡"意愿。

"和你说句实话,我真正愿意看见的,就是很多来美国上市的中国公司回国之后,真的扩展了商业版图,比如招聘人员、扩展运营、收购公司、扩大产品线。"萨姆接着说,"就算其中一些公司开展了私有化,重新变回私营公司的模式,但也是变得更大更强了。2011 年奇虎 360 来纽交所上市的场景我还记忆犹新,上市当天的收盘价比发行价涨了 134%。几年后,这家公司开始进行私有化,我认为在当地市场对它的估值会更高。而此时的中国市场早已成熟,足以迎接那些通过私有化回国上市的中概股。公司不应该将纽交所视为企业发展的终极目标,限制它们的融资选择,而应该去寻找可

亲历纽交所

以提供最好估值的金融市场。"

6年后，奇虎360宣布完成私有化交易，退市估值为93亿美元。2018年，奇虎成功借壳上市回归A股市场，在上交所敲锣上市，尽管当日以56.92元跌停价收盘，但总市值仍达到3 850.1亿元人民币，折合约608亿美元。

有趣的幕后工作：预定敲钟台

作为纽交所国际上市部的一员，萨姆还充当着上市公司客户经理的角色。当一家准备上市的公司向美国证监会提交了注册声明后，还会向纽交所提交申请，纽交所将对公司的上市资格进行评估。由于关注点不同，纽交所对公司做出的评论结果可能不同于美国证监会。在纽交所方面批准了公司的上市申请后，萨姆既要与公司管理层保持联系，也会与投行进行沟通，确保上市计划步入正轨，萨姆和他的同事更多充当着幕后管理者的角色。到了上市前的最后一周，纽交所的市场部、活动策划部、公关部等部门都会加入进来，一起合作。[①]

另一方面，萨姆也会与潜在的上市公司接触："每天都有很多人来参观纽交所，一些是冲着上市项目来的，一些人只是纯

[①] 通常也是在这时，我就会接到来自纽交所公关部的邮件，询问我是否愿意对即将上市的公司进行采访，并与我确定采访时间。至少在这几年我经历过的IPO中，凡涉及采访，纽交所通常都会派出一名指定的摄影师配合记者们的采访工作，公关则会站在一旁进行协调。

第十五章 纽交所的亚洲职员

粹想参观交易大厅而已。有时，当公司自身的条件达不到纽交所的上市要求，从保护投资者的角度出发，我们只能拒绝它们的上市要求。"

纽交所在 2008 年收购了美交所，但两家交易所对上市公司的要求依旧不同，也各自持有不同的执照。萨姆表示，由于两家交易所区别明显，一般在美交所上市的公司不能称自己是在纽交所挂牌交易的。在萨姆为纽交所工作期间，他一共负责了 46 家中国公司来美上市的项目。

"哪一次 IPO 让你印象最为深刻？"我问他。

他笑道："印象最深的永远都是第一个。"萨姆经手的第一家中概股企业是无锡尚德，这家太阳能光伏制造公司在 2005 年 12 月成为登陆纽交所的第一家中国大陆民营企业。[①] 萨姆接着说："那时我还是这一行的'新手'，但我认为比起监管领域，我的个性更符合商业拓展这个方向，同时我对亚洲市场充满了好奇。就在那时，我们开始听到 2008 年北京奥运会的相关消息，从报纸上了解有关中国的新动向。参与中概股企业的上市，见证中国创业者到美国资本市场融资，这本身就是一件令人极为激动的事情。"

根据萨姆的介绍，纽交所通常有一个传统，即在上市当天的上午 8 点 15 分左右开始欢迎他们的客户（上市公司），并进行拍照活动。接着萨姆团队会派出一名工作人员向纽交所管理层做简报，告之来访客户的名单，这些来宾的名字怎么发音。这些备忘录都是提

[①] 2013 年 3 月 20 日，江苏省无锡市中级人民法院裁定批准无锡尚德进入破产重整程序。

亲历纽交所

前一两天就准备好的，包括公司的招股说明书、财务状况、参加纽交所早餐会的公司高层等所有信息，甚至还会提醒纽交所的高层需要和哪些来宾打招呼。萨姆表示："当大家在早餐会上齐聚一堂，庆祝即将到来的IPO敲钟仪式时，你会从人们脸上看到无尽的喜悦、收获和满意。当然，为了等到这一天而付出的大量努力，是大家看不见的。"上市不是终点，而是企业开启新征程的起点。

大家平时看到的都是正在敲钟台上欢庆的公司，但是如果有两家或更多公司在同一天上市，或者都计划在同一天去纽交所敲钟，那么该如何协调呢？答案是：相互竞争。这也是萨姆的工作之一。"我们的工作还包括预定敲钟仪式。美国组和国际组等所有纽交所的客户经理都会坐在一张圆桌旁，讨论各自负责的公司以及预期上市的日期。如果各组的客户之间出现利益冲突的话，比如敲钟日期重合了，那么你就需要为自己所负责的公司去争取敲钟的机会，参与内部竞争。"

当离上市还有一周左右的时间，就需要向纽交所的管理层汇报，让他们做最终决定。有时，也可能会有大企业——比如通用电气或IBM，想来敲钟台庆祝某个特殊活动，但正好与其他公司的IPO日期相冲突，那么将由纽交所的CEO来决定那一天到底谁站到敲钟台上。

同一时间哪家公司更有资格敲钟，并没有一个正式的标准，更多是依靠人为判断。萨姆表示："与其说是一门科学，不如说是一门艺术。当所有客户经理坐在圆桌旁时，你要知道何时用手中的牌，为客户早日敲钟而进行谈判。对于来美国上市的中国公司而

第十五章 纽交所的亚洲职员

言,大多数路演活动都会安排在纽约结束,所以到公司上市时管理层基本都在纽约,你会希望他们能亲自去敲钟。而有些美国公司可能总部本来就在纽约,它们的管理层来纽约参加敲钟仪式会更方便。我们为中国公司争取了很多敲钟的机会,更获得了所有纽交所中国同事的支持。"通过这些有趣的工作环节,萨姆的谈判、磋商技巧得到锻炼,为日后的创业做好了铺垫。

纽交所在近几年对交易大厅进行了重新装修,在紧靠主厅(敲钟台所在的大厅)的梧桐树房间也设置了一个敲钟台,如果两家公司同时进行IPO,可以安排其中一家在这里举行敲钟仪式。不过据交易员回忆,第二个敲钟台使用的频率极低。

纽交所不仅是一家公司进行上市的场所,也是上市公司接触潜在客户的地方。萨姆说道:"我还记得曾经有一家做手机的上市公司,产品包括一款非常先进且独特的手机,于是我们请来了电信巨头威瑞森(Verizon)的管理层与这家公司CEO见面,但那时甚至连威瑞森的技术都无法支持那款手机。这就是纽交所最棒的一点:帮助公司开发其潜在客户,因为它们之间可能并没有机会直接接触。我们可以代表这些公司向潜在客户发出邀请,问它们是否愿意在上市当天来纽交所参与早餐会,并与上市公司的高管见面。"萨姆认为,纽交所除了关注金钱,更是一个注重人与人沟通的地方。

中概股的华尔街风波

中国第一家在纽交所上市的软件企业东南融通,曾因涉嫌财务造假而被纽交所摘牌，成为做空机构猎杀中概股的最大战利品。这家金融IT公司从2007年风光上市到2011年黯然退市，仅4年时间。从一定角度来看，东南融通的退市不仅开启了2011年中概股的信任危机，也或多或少削弱了美国投资者对中国上市企业的信心。

不过，也有相反的例子。2006年9月7日以每股15美元的发行价登陆纽交所的新东方教育科技集团，在2012年7月因调整可变利益实体（Variable Interest Entities，简称VIE）遭到美国证监会调查，当日公司股价暴跌34%，随后做空机构浑水研究公司发布报告，称新东方无法按时向美国证监会递交年报，导致该公司股价再度暴跌35%，一度跌破了10美元，创下5年以来最低值，市值也同步蒸发了20亿美元。不过，在当年10月，新东方向美国证监会按时递交了2012财年的年报，一定程度上消除了美国证监会此前对新东方在VIE结构模式调整方面的质疑，新东方也采取了一系列措施反击浑水研究公司，最终令公司股价在年该年底重返20美元。

在中概股陷入以浑水、香橼为代表的做空机构的猎杀之时，萨姆也陷入了职场困境。面对《华尔街日报》《巴伦周刊》（*Barron's*）等媒体围绕中概股危机大做文章的压抑环境，再加上纽交所管理层人事调整不断，萨姆发现每天到办公室工作不再轻松，他开始问自己，未来5年、10年的中国会朝着什么样的方向发展？自己又该具备怎样的技能才能赶上时代的洪流？很多时候，重返学校是解决职场逆境的最佳方法，萨姆考入了康奈尔大学商学院学习MBA课程。

第十五章 纽交所的亚洲职员

"我每个周末去康奈尔大学上课,平时则继续工作。当我在商学院念到一半的时候,我发现纽交所新换的领导层并不真正了解亚洲市场,这增加了我的工作难度。于是我选择离开纽交所。"尽管怀念曾经的美好时光,但萨姆认为已经到了应该离开的时候。

2012年1月,萨姆加入美国金融业监管局。他坚信自己的决定是正确的:"那时的监管领域正处于欣欣向荣的阶段,因为出现了很多新法律、新规则,以应对在2008年金融危机时出现的问题。"FINRA成立于2007年,是由全美证券交易商协会(National Association of Securities Dealers,简称NASD)与纽约证券交易所监管局(NYSE Regulation, Inc.)合并而成,旨在通过对经纪商的监管来保护投资者以及市场诚信建设。FINRA不是政府组织,而是美国国会授权的非营利机构。

与NASD合并成为FINRA之前,纽交所自身监管部门的存在犹如一把双刃剑,萨姆表示:"监管一方面给予了纽交所巨大的权利,但也因此伤害了纽交所。"2004年3月30日,美国证监会宣布对5家纽交所专家经纪人公司进行处罚。[①] 美国证监会称在其与纽交所的一次联合调查中发现,1999年至2003年,这5家公司在执行客户交易订单时抢先执行自己的订单,从中牟利1.55亿美元。最终这5家公司付出了总额2.41亿美元的罚金。不仅如此,这起丑闻

[①] 这被罚的5家公司为:Bear Wagner Specialists LLC;Fleet Specialist, Inc.;LaBranche & Co., LLC;Spear, Leeds & Kellogg Specialists LLC;Van der Moolen Specialists USA, LLC.。资料来源:https://www.sec.gov/news/press/2004-42.htm。

令公众对纽交所的自我监管以及人工交易模式都产生了质疑,电子化交易的呼声越来越大。萨姆认为,这是现在纽交所交易大厅人数越来越少的重要原因之一。当然更不能忽视的是,人们再也不可能通过持续手动操作键盘进行交易,而是要与电子化交易的速度保持一致。现在的交易大厅,除了开市和闭市两段市场较为动荡的时间需要交易员的介入,以降低股票的波动性之外,一天中的其他交易时间都已实现计算机化操作。

最大的挑战是你自己,而非职场"天花板"

实际上,在 FINRA 的工作经历并未让萨姆找到真正的方向感和归属感,他曾主动调到硅谷以了解金融科技(FinTech)这一领域,却因没有科技背景而在职场中步履维艰。2016 年,他在加州创立了一家咨询公司,并在客户的帮助下重新回到了专注亚洲市场的咨询服务业务。随着业务步入正轨,他与妻女一同搬回了纽约。现在,除了为包括中国公司在内的亚洲企业提供 IPO 方面的咨询服务之外,他也与美国本土的银行等机构展开合作,评估其投资组合,帮助客户重新定位以获得更好的估值。"总体来说,我现在做的事情和曾在纽交所做的工作一样,但是现在挣得更多。"萨姆很满意现在的工作状态。

"作为一名亚裔美国人,你认为你遇过职场'天花板'吗?"我问他。

萨姆想了想,说:"如果'天花板'的定义是成为 CEO 或 CFO 之类的高层领导,又是在类似纽交所这样的环境,即在一个美国本

第十五章　纽交所的亚洲职员

土企业中不断升职,那么答案是肯定的。因为升职与否的最终决定都是来自董事会,我只在很少几家科技公司看见亚裔可以做到很高的级别,比如黑莓公司的 CEO 程守宗。但如果是自己创业的公司,那么肯定不存在这样的问题。"

萨姆认为对于亚裔美国人而言,这种偏见依旧存在。若要在职场中得到一个里程碑似的突破,亚裔还有很长的路要走。但这并非是萨姆在工作中遇到的最大挑战,比起无法控制的外部因素,他认为最终级的挑战是自己本身。"自信和自我怀疑总是交替出现,最终都是在挑战你自己。"萨姆说。

我接着问:"那你什么时候会自我怀疑呢?"

萨姆说:"害怕的时候。害怕会帮助人们克服一些东西,但同时也可能阻止人们去做事情。其实出现自我怀疑的时候并非坏事,反而可以帮助你继续前进。很多人都想自己当老板,但大家需要明确一点的是,其实你并不是自己的老板,你只是获得了一定的灵活性而已。你的压力会变得很大,因为要维持公司运转,要对员工有所交代。当你在外拓展业务的时候,你的客户才是你真正的老板。而如果你负责的是一个为期 12 个月的咨询项目,那么到了第 6 个月或者第 9 个月的时候,你就需要再去寻找新的项目,因为你不能肯定现在的客户是否会与你续约。"

自己当老板固然舒服,你不想做某笔业务,就不必去争取;你想去度假,就可以随时买机票。但正因你需要自己掌控前进的方向,所以会面对很多不稳定的因素,也会夹杂许多未知恐惧。要记住,但凡选择了自己创业,那么等待你的将会是一份一天 24 小时、一周 7 天的工作。尽管总有那么一部分人适合创业,但对于刚毕业的年轻人来说，萨姆认为他们仍需要经历打工的那段旅程，以获取足够的能力，然后再考虑出来创业。

或许对于想要创业的人们来说，究竟什么时候是辞职创业的最佳时机，总是因人而异，且难以定夺。就像交易股票一样，买股票是一回事，但卖股票更为困难。股评专家总是告诉你什么时候买入，但很少有人会告诉你什么时候卖出。

后记

2011年夏,我以媒体人的身份第一次踏入华尔街的中心——纽交所。望着气势宏伟的交易大厅和疾走叫嚷的交易员们,我如同不小心闯入哈利·波特魔法世界的"麻瓜",对这陌生的一切感到新鲜好奇。我当时的想法是,哪怕没有机会在这里播报新闻,参观一次也足够美好。没想到,我后来成为纽交所常驻记者,转瞬之间7年就过去了。

我依旧清晰地记得刚进驻华尔街不久的2011年8月,美股遭遇了跌宕起伏的过山车行情。市场风声鹤唳,投资者如同惊弓之鸟,一种难以言状的恐惧情绪笼罩着这条长度仅为536米的街道。和投资者们一样紧张忙碌的是媒体人,无数辆搭载着直播设备的新闻采访车密密麻麻地挤在与华尔街交汇的百老汇大道上,财经记者们个个紧握话筒,急速地从口中蹦出一个又一个最新的股市数据,记者们惶恐却又兴奋的眼神和手势,恨不得钻进镜头直接把观众拉到现场来。

亲历纽交所

这里是华尔街,也是财经媒体的主战场。在华尔街待久了,我才发现,股市很爱这样时不时地"敲打"一下投资者。作为媒体人,我享受这样的"惊喜",更在每次完成挑战后感到酣畅淋漓。

纽交所在 7 年间见证了我的成长,见证了我经历的人生大事。而我也成为纽交所悠久历史中短暂一页的参与者和旁观者。这是我拿起笔完成此书的原动力,并在前言中已作阐述。在此特别说明,本书内容除了来自对 15 位主人公的采访外,皆来自书籍、网络资源,以及我个人的工作经验。针对不完善之处,期待大家能和我交流探讨,我的微博是:王晶 shine。

此书最大的遗憾是未能写下纽交所传奇交易员布伦丹·E. 克赖恩(Brendan E. Cryan)的故事。他自 1956 年成为美交所会员,成立了布伦丹·E. 克赖恩公司,成为当前纽交所 6 家指定做市商之一。拥有逾 60 年交易经验的克赖恩,备受尊敬但为人低调,虽然个头不高,但充满了气场。他极少到交易大厅来,我鲜有机会与他交谈,直到 2017 年 2 月的一天,他在纽交所敲响了闭市钟,庆祝自己在交易大厅工作 60 年后的正式退休。当天中午我在纽交所餐厅碰到了他,递上了自己的名片并邀约采访。他欣然表示愿意接受采访,并告诉我会在下一次到纽交所时通知我时间。在那场非常简短的谈话中,他和我分享了他对股票交易演变历程的看法,让我受益匪浅。可是没想到,那是我和他的第一次谈话,也是最后一次见面。

这位慈祥友善的老人,是一位传奇却低调的智者,更是一位勇于和病魔做斗争,积极对待生活的战士。只是,随着他的离去,我的书失去了浓墨重彩的一章。时至今日,我仍时不时想起他,每当

后记

路过纽交所餐厅,总会望一望那张他曾和我短暂交谈时坐过的餐桌。对我而言,这是一次未完成的采访任务,此生留憾。但我也因此更坚定了信念,将这些人的故事记录下来,和大家一起分享。

到底7年的华尔街记者生涯又教会我了什么?我想,除了金融专业知识,还有很多人生道理,甚至后者所赋予我的价值要更多一些。我从他们身上学到,人生每一场悲欢离合,并不会简单地对等成功和失败,人生不顺心之事十有八九,大不了从头再来。真正的失败,只会发生在你选择退出的那一刻,所以你要做的就是坚持下去。在这本书中,你会看到很多有关冒险的故事,职场也好,人生也罢,冒险是我们必经的一步,正如失败一样。人们必须通过失败去寻找正确的路,去感知成功的方向。每每观察我那刚学会走路的儿子,他从不会因为摔跤而放弃学步。每当他跌倒在地,他几乎从不选择大哭求援,而是迅速爬起,继续出发。也正因如此,他才逐渐掌握了行走、甚至小跑的要领。这就如同我们需要去独立面对那些失败带来的痛苦或遗憾,只有这样才能帮助我们更好地汲取经验教训,最终迈向成功。

完成此书,我由衷地感谢很多人。感谢我的先生、父母和公婆,是你们在我熬夜写作时,帮我承担了"油盐酱醋"的琐事,让我安心做事。感谢书里记录的每一位主人公,你们对我的支持和无条件的信任最终促成了这本书的诞生。感谢美国中文电视总裁蒋天龙、新闻总监田甜、前主编周岳峰和制片人张碱,你们为我提供了一个逐梦筑梦的职业平台,指导我成为一名合格的新闻人。感谢陈凯丰教授帮忙撰写序言。感谢为我背书的吉姆·罗杰斯,以及本书的4位推荐者刘埔、徐小平、黄杰夫和涂经纬。其中,吉姆·罗杰斯阅读的是英文翻译稿件，由衷感谢他的支持和信任。另外，我还非常感谢北京匡时国际拍卖有限公司董事长董国强、远读重洋创始人孙思远，在我完成此书时提供的帮助。感谢负责出版此书的编辑吴长莘，谢谢你的专业和敬业。

最后感谢我的儿子，是你的到来才让我下定决心，克服种种困难完成此书。在成为母亲后，我开始意识到其实对孩子最好的爱来自对自己的爱。想让孩子乐观向上，自己则要做到开明豁达；想让孩子勇敢刚毅，自己则要敢于担当；想让孩子心怀大志，自己则需追求梦想。这也是我在写书计划因怀孕而几乎中断一年后，重回正轨的最大动力。我不希望今后告诉我的孩子，妈妈当年就是因为照顾你才放弃了写书的梦想，放弃了自己的事业。我希望今后能拿着这本书告诉他："这本书是你出生后不久妈妈写的，很辛苦，但也很快乐。愿这本书的故事能在你成长的路上给你带来启迪和帮助。"